Jörg Krampe / Rolf Mittelmann

Rechenspiele für die Klasse 4

Kopiervorlagen

(Ergänzungslieferung)

Verlag Ludwig Auer Donauwörth

3. Auflage. 1993

Gesamtherstellung: Ludwig Auer GmbH, Donauwörth
ISBN 3-403-0**1775**-3

Zur Einführung

Die vorliegenden Rechenspiel-Kopiervorlagen ergänzen die „Rechenspiele für die Klassen 3/4 – Kopiervorlagen", Auer-Verlag, Best.-Nr. 1495; sie sind aber auch eigenständig benutzbar. Nunmehr liegen zu den gängigen Lerninhalten des 4. Schuljahres jeweils mehrere Rechenspiele mit unterschiedlichem Aufgabenmaterial vor.

Für Besitzer der „Rechenspiele für die Klassen 3/4" empfiehlt sich ein **gemeinsames Einordnen** in einen Ringhefter nach folgendem **Hinweis:**

> Die alte Seite 5 (Inhaltsverzeichnis) wird gegen die neuen Seiten 5 und 6 ausgetauscht, wobei auf Seite 4 alle Angaben zu Klasse 4 zu streichen sind.
> Die alten Seiten 7, 8 und 9 (Spielanleitung) werden gegen die neuen Seiten 7, 8 und 9 ausgetauscht.
> Die Kopiervorlagen der Rechenspiele werden entsprechend ihrer Numerierung einsortiert (vgl. auch Inhaltsverzeichnis).

Wer bereits die Ergänzungslieferung für die Klasse 3 in das Basiswerk 3/4 integriert hat, sollte folgenden zusätzlichen Hinweis beachten:

> Das Inhaltsverzeichnis der Ergänzungslieferung für die Klasse 4 (Seiten 5 und 6) wird nach Seite 7 eingefügt, wobei auf Seite 7 alle Angaben zu Klasse 4 zu streichen sind.

Die theoretische Grundlegung und ihre methodisch-didaktische Aufbereitung, die durch zahlreiche Beispiele und Stundenvorbereitungen illustriert wird, findet sich im Buch „Schülergerechter Mathematikunterricht in den Klassen 3/4", erschienen im Verlag Ludwig Auer (Best.-Nr. 1476). Auf die entsprechenden Kapitel und Abbildungen dieses Buches wird im Inhaltsverzeichnis der Rechenspiele verwiesen.

Außerdem sind dort die ausführlichen Spielanleitungen mit diversen Variationsmöglichkeiten und zahlreiche Spiele für das 5- bis 10-Minuten-Rechnen zusammengestellt.

Eine Übersicht über alle lieferbaren Titel unseres Rechenspiele-Programms finden Sie am Ende dieses Buches.

Inhalt

entnommen aus:
[1]) Krampe, Jörg: Übungs- und Kontrollformen, die Spaß machen am Beispiel der schriftlichen Multiplikation im 4. Schuljahr, in: Sachunterricht und Mathematik in der Primarstufe, Aulis, Köln, Heft 11/82

Lerninhalt	Aufgabentyp	Spielform	Buch bzw. *Ergänzungs-lieferung	Spiel-Nr.
	a · b = □	Ausmalen		4.3.8.8[1])
	a · b = □	Ringdomino	*	4.3.8.9
	a · b = □	Bilder aus Punkten	*	4.3.8.10
– Schriftliche Division	a : b = □ Divisor 1stellig	Puzzle	Kap. 3.2.2.9	4.3.9.1
	a : b = □ Divisor 1stellig	Puzzle	*	4.3.9.2
	a : b = □ Divisor ist eine 10er-Zahl	Puzzle	*	4.3.9.3
	a : b = □ Divisor 2stellig	Ausmalen	*	4.3.9.4
– Operative Übungen	a · a = □ / a : b = □	Speichenrad	Abb. 4.38	4.3.10.1
	a · b = □ / a : b = □	Kreuzzahlrätsel	4.28	4.3.10.2
	a · b = □ / a – b = □	Puzzle		4.3.10.3[2])
Größen und Sachrechnen: – Schätzen, Messen und Vergleichen	Längen messen, addieren u. zeichnen	Rechenfeld	*	4.4.1.1
– Einfache Bruchteile	Bild-Bruchzahl	Streifendomino	*	4.4.2.1
– Umformungen G_1 = Geld G_2 = Gewicht L = Länge Z = Zeit V = Volumen	G_2, L, Z	Flächendomino	Abb. 4.19	4.4.3.6.1
	G_1, G_2, L, Z, V	Puzzle	Kap. 3.2.2.11	4.4.3.6.2
	G_1, G_2, L, Z, V	Puzzle	3.2.2.11	4.4.3.6.3
	Kommaschreibweise G_1, G_2, L, Z, V	Flächendomino	*	4.4.3.6.4
– Rechnen mit Größen	+/– G_1, G_2, L	Geheimschrift	*	4.4.4.1
	·/: G_1, L, V	Ausmalen	*	4.4.4.2
– Sachaufgaben	·/:	Ausmalen	*	4.4.5.1
	+/–/·/:	Rechenfeld	*	4.4.5.2
	+/–/·/:	Kreuzzahlrätsel	*	4.4.5.3
– Operative Übungen	+/–/·/:	Quartett	Abb. 4.45	4.4.6.1
Geometrie	Achsensymmetrie	Ja-Nein-Spiel	4.25	4.5.1
	‖/ ⊥, messen	Zeichnen	*	4.5.2
Freie Aufgaben		Kreisdomino	4.18	0.0.0.2
		Kreisdomino	*	0.0.0.5
		Puzzle	*	0.0.0.6

entnommen aus:
[2]) Krampe, Jörg: Übungen zur Steigerung der Rechenfertigkeit im Bereich der schriftlichen Addition im 4. Schuljahr, in: Mathematische Unterrichtspraxis III 82, Auer, Donauwörth

Spielanleitungen

(Lösungsbilder und Einzelhinweise befinden sich auf den Rückseiten der entsprechenden Kopiervorlagen)

Ausmalen

Material: Spielplan, ein od. mehrere Farbstifte

Ablauf:
- Aufgabe(n) lösen
- die Ergebniszahlen im Bildteil aufsuchen und nach Anweisung einfärben

Kontrolle: Durch Vergleich mit ausliegendem Lösungsblatt (bei einfarbigen Bildern auch Selbstkontrolle durch entstehende Figur)

Tip: Das vorgegebene Lösungsbild sollte vom Lehrer gegebenenfalls ausgemalt werden, um den Vergleich zu erleichtern.

Bilder aus Punkten

Material: Spielplan

Ablauf:
- Aufgaben lösen
- Bildpunkte nach Anweisung bzw. in der Reihenfolge der zugeordneten Ergebniszahlen verbinden

Selbstkontrolle: ein Bild

Tip: ausmalen

Domino

Material: Dominoteile (Rechtecke, Dreiecke oder Kreissegmente)

Ablauf:
- Dominoteile ausschneiden
- gekennzeichnetes erstes Kärtchen heraussuchen (enthält links keine Lösungszahl – beim Kreisdomino nicht vorhanden) und Aufgabe lösen
- neues Teil mit passender Lösungszahl rechts anlegen und neue Aufgabe lösen usw.

Selbstkontrolle: gekennzeichnetes letztes Teil (bei Kreisdomino: Bild oder Lösungswort)

Tip: Spiele 0.0.2, 0.0.0.5 bzw. 0.0.0.6 können vom Lehrer selbst mit Aufgaben versehen werden!

Geheimschrift

Material: Aufgabenblatt mit Schlüssel

Ablauf:
- Aufgaben lösen
- den Ergebniszahlen nach Schlüssel Buchstaben bzw. Wörter zuordnen

Selbstkontrolle: Lösungswort bzw. -zahl

Irrgarten

Material: Spielplan

Ablauf:
- Aufgabe am Startpunkt lösen
- Weg zur Ergebniszahl bzw. nächsten Aufgabe suchen
- neue Aufgabe lösen usw.
- Stop am Zielpunkt

Selbstkontrolle: Erreichen der vorgegebenen Zwischenergebnisse und der Zielzahl

Ja-Nein-Spiel

Material: Spielplan

Ablauf:
- Aufgabe in den Quadraten bzw. Kreisen lösen
- den Pfeilen folgen
- Buchstaben bzw. Zahlen in die Lösungskästchen eintragen (unter dem Rätsel)

Selbstkontrolle: sinnvoller Satz oder richtig gelöste Rechenaufgabe

Kreuzzahlrätsel

Material: Spielplan

Ablauf:
- Aufgaben lösen
- Ergebniszahlen an die durch Buchstaben und Richtung bezeichneten Plätze des Spieles eintragen
  (Achtung bei mehrstelligen Zahlen senkrecht: Einer immer unten!)

Selbstkontrolle: Doppelbelegung zahlreicher Plätze mit gleicher Ziffer

Magische Figuren

Material: Arbeitsblatt

Ablauf: die jeweils über den Figuren stehenden Zahlen so in die Leerstellen der entsprechenden Figuren eintragen, daß die Summe aus der Mittelpunktzahl (Schmetterling) bzw. aus der Zahl an den Ecken der Buchstaben und den beiden jeweils benachbarten Zahlen immer gleich der einzeln an der Figur stehenden Zahl ist

Kontrolle:
- Selbstkontrolle durch Beachtung des Bildungsgesetzes
- Fremdkontrolle durch Vergleich der Summenzahl mit anderen Schülern (Lehrer)

Tip: sehr variantenreich durch Auswahl anderer Buchstaben, Zahlen oder Bilder bzw. durch Abänderung der Regel

Puzzle

Material: Spielplan und Puzzleteile

Ablauf:
- Puzzleteile ausschneiden
- Aufgaben lösen (wenn vorhanden)
- passende Puzzleteile auf Spielplan auflegen (Zuordnung: Aufgabe – Ergebnis; evtl. nach anderen vom Lehrer gegebenen Anweisungen)

Selbstkontrolle: Bild

Tip: aufkleben und ausmalen

Quartett

Material: Arbeitsblätter mit insgesamt 24 Spielkarten (6 Quartetts)

Ablauf:
- die Karten nach dem Ausschneiden gleichmäßig verteilen
- einen Mitspieler so oft nach einer Karte von einem Quartett fragen, von dem man schon selber eine Karte besitzt, indem man eine Aufgabe von seiner eigenen Karte abliest und das Ergebnis nennt, bis ein Befragter eine gesuchte Karte nicht besitzt bzw. bis der Fragende ein falsches Ergebnis nennt

- die Karte aushändigen, wenn man als Befragter die entsprechende Karte besitzt
- je 4 passende Karten zu einem Quartett ablegen
- Gewinner ist, wer die meisten Quartette ablegen kann

Kontrolle: durch die Mitspieler

Rechenbaum

Material: Arbeitsblatt

Ablauf: ausgehend von den Baumspitzen aus 2 nebeneinanderstehenden Zahlen und dem darunterstehenden Operationszeichen die jeweiligen Ergebnisse errechnen und in die freien Felder eintragen

Kontrolle:
- Selbstkontrolle durch Kontrollzahlen und inverse Operationen oder
- Fremdkontrolle durch Ergebnisfolie bzw. Angabe der Lösungszahl

Tip: Variation durch Veränderung der Anzahl der Äste, der Zahlen, Operationen bzw. durch verstärkten Einbau inverser Operationen

Rechenfeld:

Material: Spielplan

Ablauf:
- eine Zahl im linken Feld streichen
- aus dem mittleren Feld eine solche Zahl wählen und streichen, die mit der Zahl aus dem linken Feld verknüpft (Operationszeichen beachten) eine Ergebniszahl liefert, die im rechten Feld vorkommt
- Ergebniszahl im rechten Feld streichen
- falls verlangt, Aufgabe notieren; usw.

Kontrolle: Eine dem Lehrer bekannte Zahl bleibt über.

Rechenschlange

Material: Arbeitsblatt

Ablauf: beginnend in der Schwanzspitze die Aufgaben der Reihe nach lösen und die Ergebnisse in die leeren Felder eintragen

Selbstkontrolle: Kontrollzahlen, Ergebniszahl

Schwarzer Peter:

Material: Arbeitsblatt mit 13 Spielkärtchen

Ablauf:
- Spielkärtchen ausschneiden
- Spielkärtchen gleichmäßig an alle Mitspieler verteilen, 1 Spieler erhält 1 Karte mehr
- die Karten verdeckt und gefächert in der Hand halten, der Reihe nach abwechselnd vom Nachbarn 1 Karte ziehen – beginnen beim Spieler mit den meisten Karten – bis alle Karten gezogen sind
- Karten mit gleicher Ergebniszahl (Paar) ablegen und weiter ziehen bzw. gezogene Karte behalten
- der Verlierer hat zum Schluß noch 1 Karte – den schwarzen Peter – auf der Hand

Kontrolle: durch die Mitspieler

Tip: vor dem Ausschneiden auf Karton kleben

Speichenrad

Material: Arbeitsblatt

Ablauf: beginnend auf der Speiche mit der Zahlenangabe im Uhrzeigersinn gemäß dem Operator in der Nabe (oder gemäß dem Umkehroperator entgegen dem Uhrzeigersinn) die Zahlen der folgenden (bzw. der vorhergehenden) Speiche berechnen und in die leeren Felder des entsprechenden Kreisringes eintragen

Kontrolle: Ergebnisfolie oder Zahlen der Start- und Zielspeiche auf dem Arbeitsblatt

Tip: zahlreiche Variationsmöglichkeiten durch Veränderung der Zahlen-, der Operatorauswahl bzw. durch Auswahl der Speichen

Spiel mit Zahlen

Material: Spielplan

Ablauf:
- Aufgabe lösen
- richtige Ergebniszahl identifizieren
- die zur Ergebniszahl gehörenden beiden Bildpunkte miteinander verbinden
- nächste Aufgabe ebenso

Selbstkontrolle: ein Bild

Tangram-Spiel

Material: Arbeitsblatt

Ablauf:
- geometrische Figuren ausschneiden
- unter Verwendung *aller* Flächen Figuren legen

Selbstkontrolle: kein Stück darf übrig bleiben

Tip: vor dem Benutzen aufkleben

Würfelspiel

Material: 1 Spielplan und 1 Würfel je Gruppe, je Spieler 1 Spielstein

Ablauf:
- reihum würfeln
- Spielstein entsprechend der Augenzahl vorwärts setzen
- das Erreichen bestimmter Felder kann mit Zusatzaufgaben verbunden sein (Regeln festlegen!).
- Gewinner ist, wer als erster die Zielzahl erreicht bzw. überschreitet.

Kontrolle: durch Spielgegner

Tip: sehr variantenreich durch Zusatzregeln, z. B. bei Erreichen einer Einmaleinsergebniszahl muß die entsprechende Aufgabe genannt werden!

Zahlenbaum

Material: Arbeitsblatt

Ablauf: beginnend am Baumfuß gemäß den angegebenen Operationen bis zu den verschiedenen Astenden rechnen, die Ergebnisse in die leeren Felder eintragen; bis auf die Baumspitzen sind die Ergebnisse jeweils Bestandteil der nächstfolgenden Aufgabe

Kontrolle: Folie

Tip: durch geschickte Zahlen- und Aufgabenauswahl ist auch eine Selbstkontrolle möglich: An den Astenden steht immer die gleiche Zahl oder eine bestimmte Zahlenfolge

Zahlengefängnis

Material: Spielplan

Ablauf:
- Aufgaben auf dem inneren Kreis lösen
- die „Schlüsselzahl" als Ergebnis eröffnet einen Sektor des mittleren Kreises
- nur die Aufgaben des mittleren Kreises in diesem Sektor lösen
- die „Schlüsselzahl" als Ergebnis eröffnet einen Sektor des äußeren Kreises
- nur die Aufgaben des äußeren Kreises in diesem Sektor lösen, bis die „Schlüsselzahl" auch hier gefunden ist: Das Gefängnis ist geöffnet!

Selbstkontrolle: Die Schlüsselzahl erscheint als Ergebnis je einmal auf jedem Ring

Zahlen gewinnen

Material: 1 Hunderterfeld (Arbeitsblatt) und 2 unterschiedliche Buntstifte je Paar

Ablauf:
- 1 Spieler nennt eine Multiplikationsaufgabe (aus 2 Zahlen, aus 1 Zahl und einer Summe/Differenz oder aus 2 Summen/Differenzen) mit Ergebnis (bis 100), welches aus maximal 5 Zahlen bestehen darf, und streicht alle von ihm benutzten Zahlen auf dem Hunderterfeld als seine „gewonnenen" Zahlen durch
- der Partner verfährt ebenso, darf aber die gestrichenen Zahlen nicht mehr verwenden
- gewonnen hat, wer die meisten Zahlen streichen kann

Kontrolle: Partnerkontrolle

Tip:
- Vereinfachung durch Beschränkung auf Addition und Subtraktion,
- Erschwerung durch Festsetzung einer Zeitgrenze für das Finden der neuen Aufgabe

Zahlengitter

Material: Arbeitsblatt

Ablauf: Zahlen so in die freien Stellen des Gitters eintragen, daß gemäß der Vorgabe der Operatorpfeile die Kontrollzahlen im Gitter erreicht werden

Selbstkontrolle: erreichen der Kontrollzahlen

Tip: Umkehroperation verwenden

Zahlenkreis

Material: Arbeitsblatt

Ablauf: beginnend bei der obersten Zahl in Pfeilrichtung gemäß den Operatorpfeilen rechnen und in alle Leerstellen die jeweiligen Ergebnisse eintragen

Zahlenturm

Material: Arbeitsblatt (oder Folie bei F)

Ablauf: die Summe (Differenz) zweier nebeneinanderstehender Zahlen über (unter) diesen in die leeren Felder eintragen

Selbstkontrolle: erreichen der Kontrollzahlen

Tip: Umkehroperation verwenden

Zauberquadrat

Material: Arbeitsblatt

Ablauf: Zahlen so in die freien Stellen des Quadrates eintragen, daß die Summe der Zahlen in den Reihen, Spalten und Diagonalen gleich ist

Selbstkontrolle: gleiche Summenzahl

Tip: mit der Summe beginnen, bei der die meisten Summanden vorgegeben sind.

Zuordnungsquartett

Material: Spielplan und „Quartettkarten"

Ablauf:
- Karten ausschneiden
- Aufgaben lösen
- je 4 Karten mit gleichem Ergebnis auf einem Spielplanfeld bildgerecht zusammenlegen

Selbstkontrolle: je Quartett ein Bild

798 + 67 =
54 + 35 =
63 + 49 =
479 + 97 =
73 + 46 =
36 + 63 =
887 + 79 =
47 + 67 =
58 + 65 =
579 + 88 =
368 + 49 =
176 + 35 =
794 + 39 =
89 + 22 =
457 + 86 =
277 + 34 =
216 + 87 =
367 + 73 =
786 + 79 =

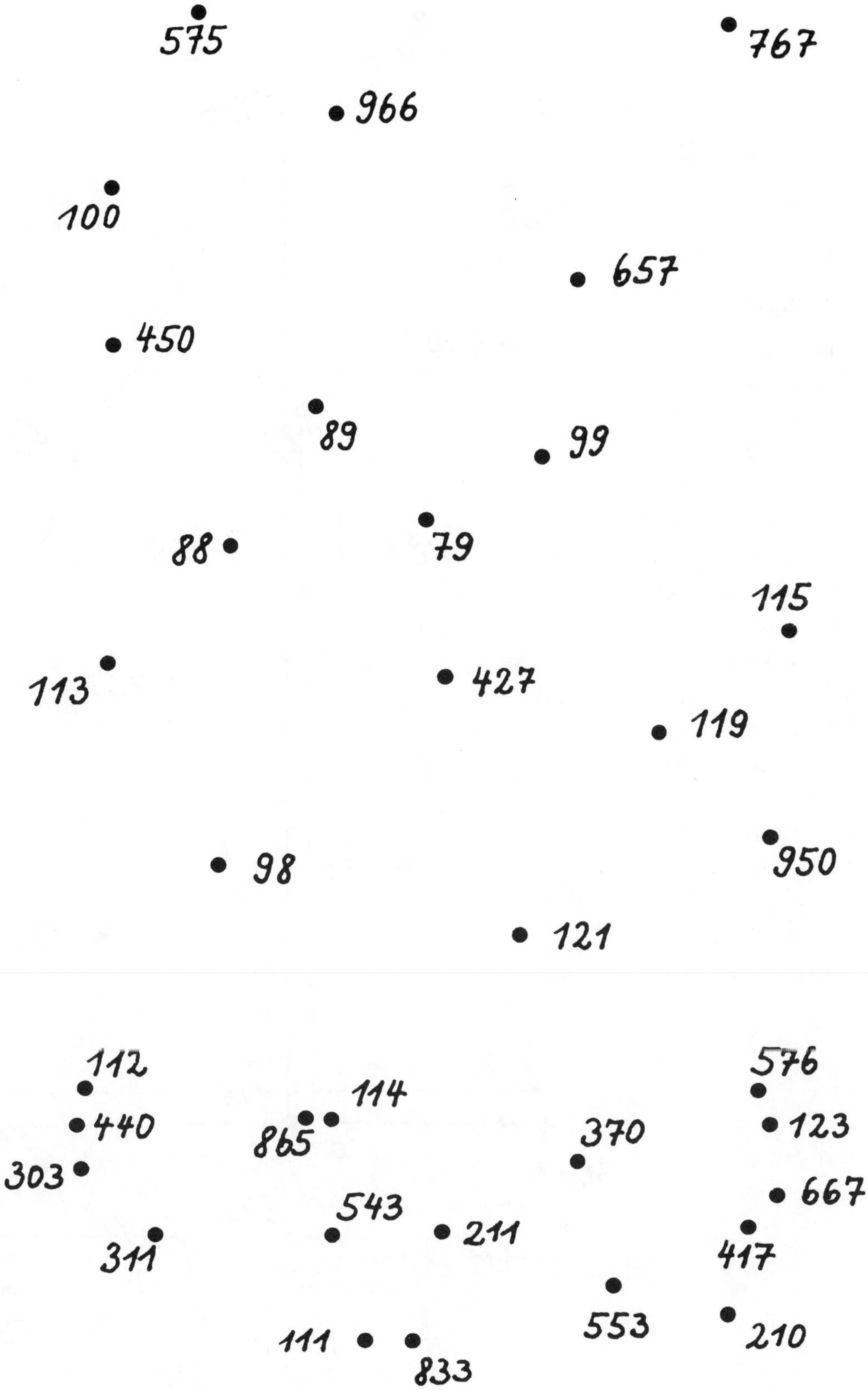

Lösungen

798 + 67 = 865
54 + 35 = 89
63 + 49 = 112
479 + 97 = 576
73 + 46 = 119
36 + 63 = 99
887 + 79 = 966
47 + 67 = 114
58 + 65 = 123
579 + 88 = 667
368 + 49 = 417
176 + 35 = 211
794 + 39 = 833
89 + 22 = 111
457 + 86 = 543
277 + 34 = 311
216 + 87 = 303
367 + 73 = 440
786 + 79 = 865

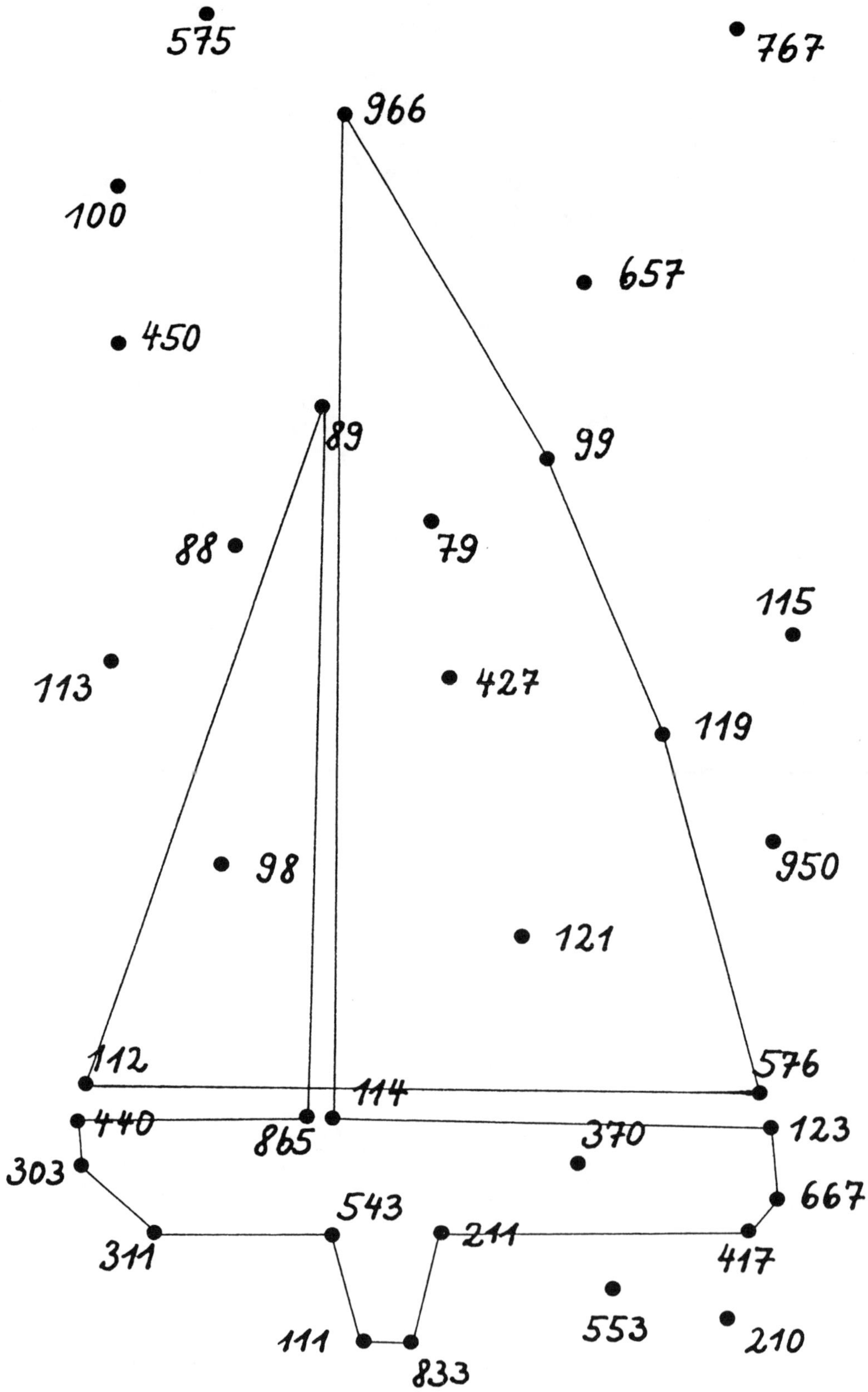

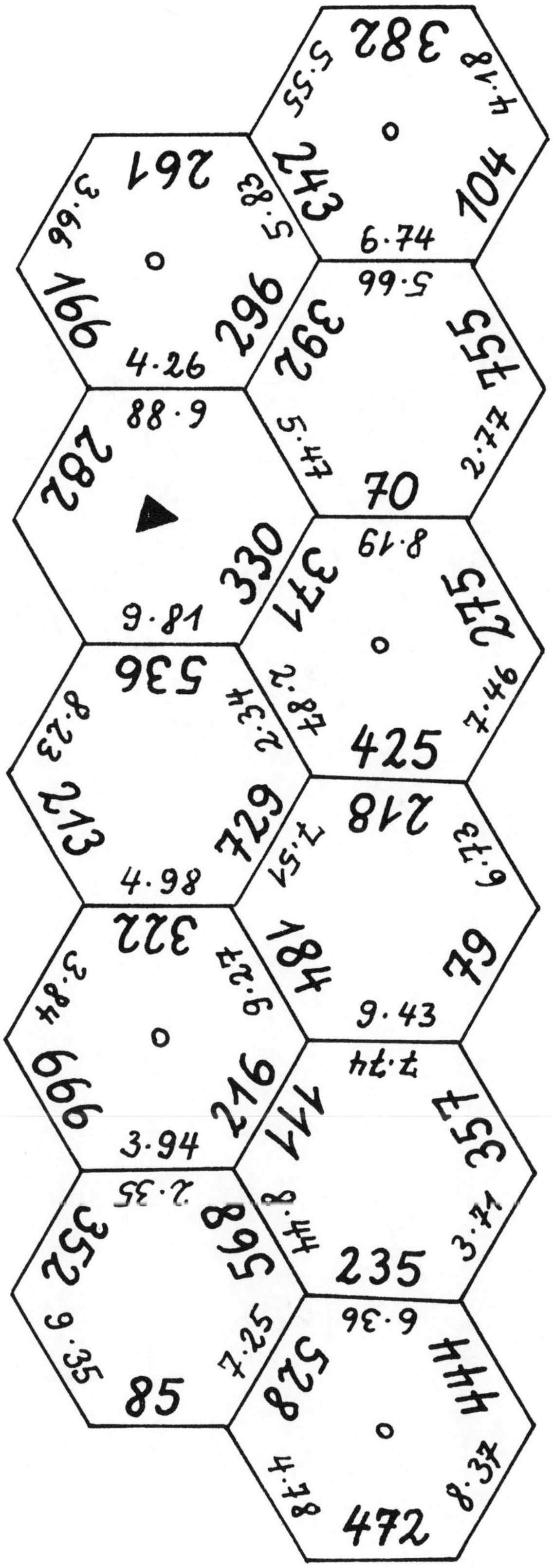

Lösungen:

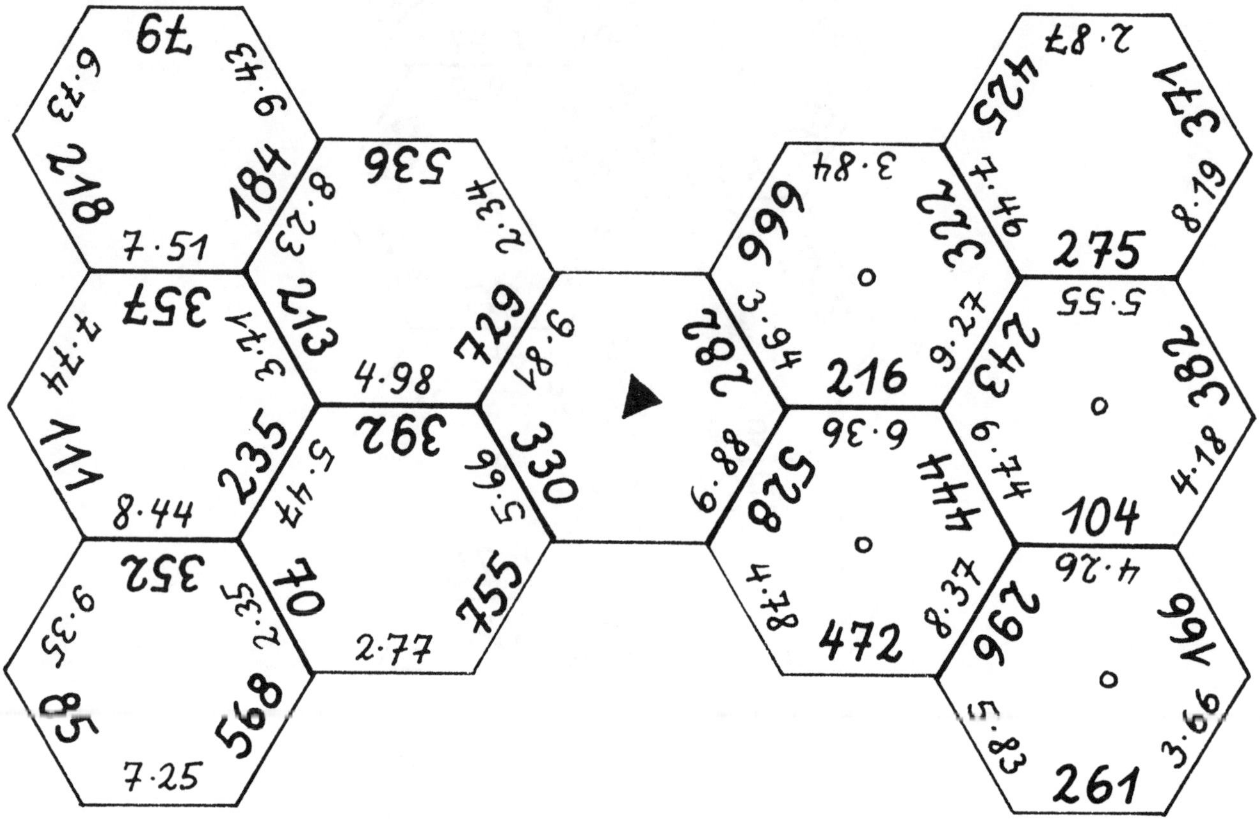

79
9·43
184
7·51
218
6·73
536
2·34
729
4·98
213
8·23
357
3·71
235
8·44
111
7·74
392
5·66
755
2·77
70
5·47
352
2·35
568
7·25
85
9·35
9·84
330
282
6·88
3·84
322
9·27
216
3·64
666
6·36
444
8·37
472
4·87
528
2·87
371
8·19
275
4·97
425
5·55
382
4·18
104
4·79
243
4·26
166
3·66
261
5·83
296

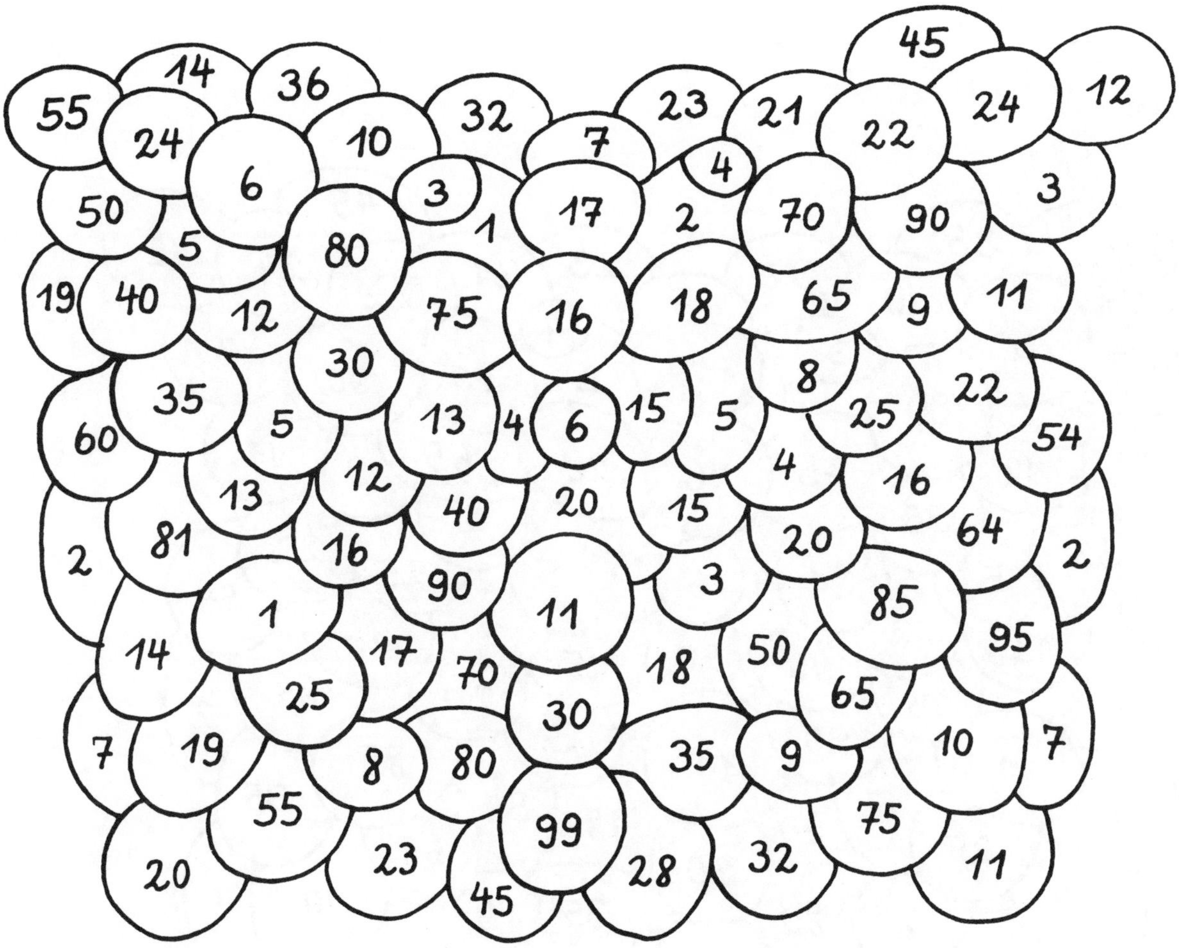

240 : 80 =	360 : 60 =	300 : 4 =
450 : 50 =	60 : 5 =	360 : 9 =
440 : 20 =	560 : 7 =	108 : 6 =
200 : 8 =	650 : 10 =	121 : 11 =
85 : 5 =	700 : 20 =	400 : 50 =
78 : 6 =	400 : 20 =	80 : 5 =
600 : 12 =	60 : 4 =	900 : 30 =
220 : 4 =	450 : 90 =	240 : 60 =
540 : 6 =	490 : 7 =	144 : 6 =

Lösungen:

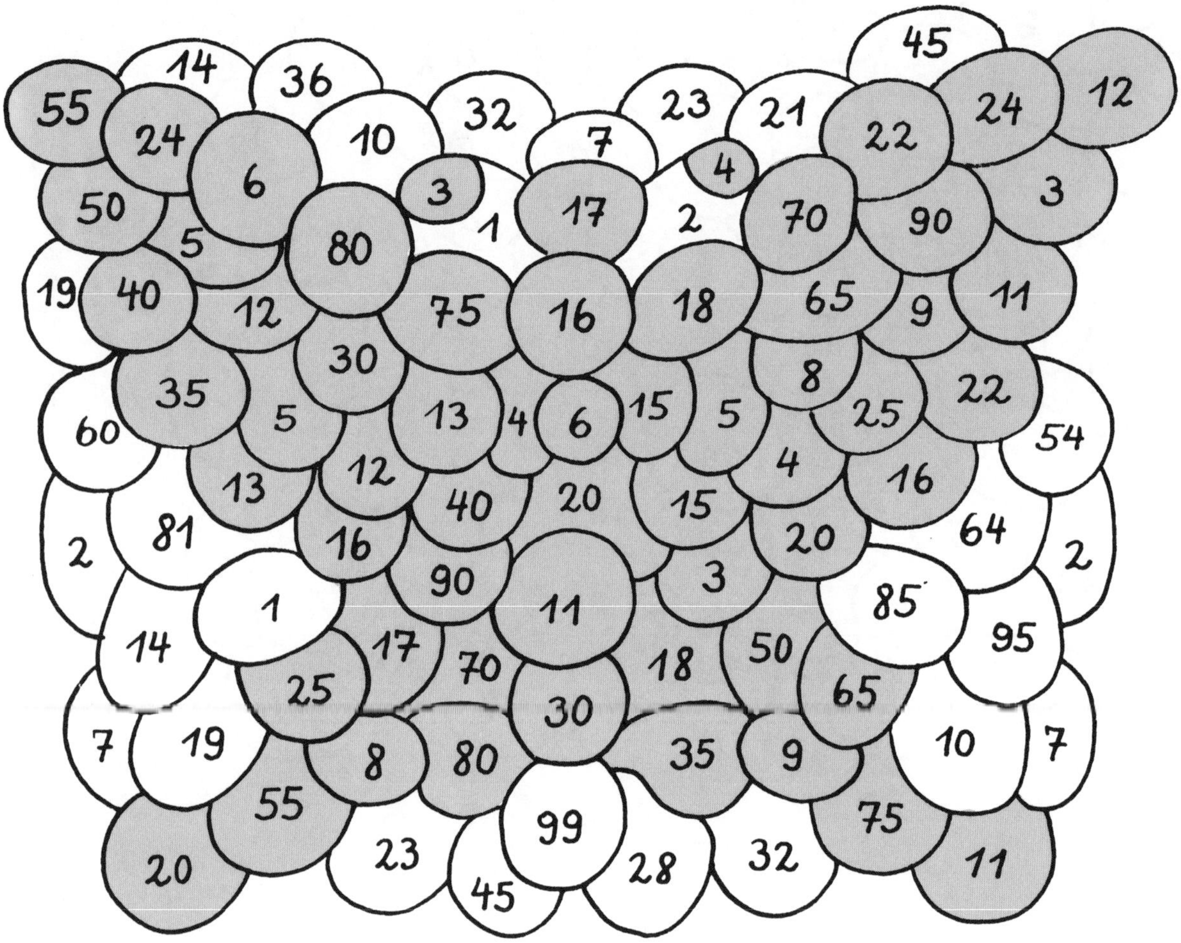

240 : 80 = 3	360 : 60 = 6	300 : 4 = 75
450 : 50 = 9	60 : 5 = 12	360 : 9 = 40
440 : 20 = 22	560 : 7 = 80	108 : 6 = 18
200 : 8 = 25	650 : 10 = 65	121 : 11 = 11
85 : 5 = 17	700 : 20 = 35	400 : 50 = 8
78 : 6 = 13	400 : 20 = 20	80 : 5 = 16
600 : 12 = 50	60 : 4 = 15	900 : 30 = 30
220 : 4 = 55	450 : 90 = 5	240 : 60 = 4
540 : 6 = 90	490 : 7 = 70	144 : 6 = 24

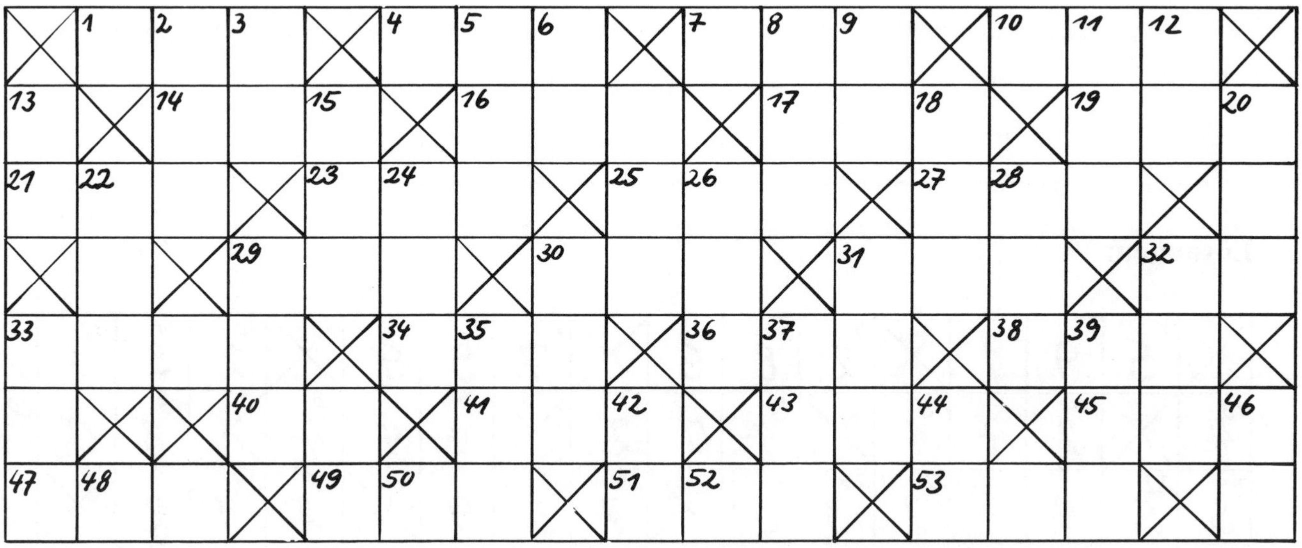

waagerecht

1. 197 · 3
4. 143 · 2
7. Nachfolger von 788
10. 2 · 100 + 3 · 10 + 4 · 1
14. 2 H, 4 Z, 1 E
16. 804 : 2
17. 111 · 4
19. 775 + 28
21. 277 verdoppeln
23. 188 + 50
25. Vorgänger von 760
27. 53 · 4
29. 13 · 8
30. 17 · 25
31. 888 : 4
32. 120 : 5
33. 125 · 8
34. 54 · 6
36. 89 · 5
38. 497 · 2
40. 480 : 10
41. 848 : 2
43. 149 verdoppeln
45. 101 · 8
47. 60 · 4
49. 5 · 50
51. 405 − 74
53. Vorgänger von 459

senkrecht

2. 154 · 6
3. 70 : 5
5. 8 H, 4 Z, 8 E
6. 360 : 6
8. 779 + 70
9. 188 halbieren
11. 441 − 59
12. 200 : 5
13. 180 : 4
15. 4 · 30
18. 844 halbieren
20. 3 · 100 + 0 · 10 + 4 · 1
22. 125 · 4
24. 643 − 300
26. 304 + 250
28. Vorgänger von 130
29. 416 : 4
30. 369 + 73
31. 37 · 7
32. 80 · 3
33. 510 : 5
35. Nachfolger von 239
37. 581 − 160
39. 1000 − 12
42. 158 − 115
44. 12 · 7
46. 3 · 3 · 3 · 3

Lösungen:

X	[1] 5	[2] 9	[3] 1	X	[4] 2	[5] 8	[6] 6	X	[7] 7	[8] 8	[9] 9	X	[10] 2	[11] 3	[12] 4	X
[13] 4	X	[14] 2	4	[15] 1	X	[16] 4	0	2	X	[17] 4	4	[18] 4	X	[19] 8	0	[20] 3
[21] 5	[22] 5	4	X	[23] 2	[24] 3	8	X	[25] 7	[26] 5	9	X	[27] 2	[28] 1	2	X	0
X	0	X	[29] 1	0	4	X	[30] 4	2	5	X	[31] 2	2	2	X	[32] 2	4
[33] 1	0	0	0	X	[34] 3	[35] 2	4	X	[36] 4	[37] 4	5	X	[38] 9	[39] 9	4	X
0	X	X	[40] 4	8	X	[41] 4	2	[42] 4	X	[43] 2	9	[44] 8	X	[45] 8	0	[46] 8
[47] 2	[48] 4	0	X	[49] 2	[50] 5	0	X	[51] 3	[52] 3	1	X	[53] 4	5	8	X	1

40Z 9E
80H 6E
1T 5Z
9T 14H
1T9H99E
3T4H11E
6H9Z1E
5T2Z6E
2T10H1Z
8T5E
80E
2T4H9Z
3T33Z
6T2H7E
4T9H3E
6T3Z6E
8006
6036
2490
6207
3330
3010
8005
80
409
4903
3411
691
5026
1999
10400
1050

Lösungen:

8T5E
6H9Z1E
2T4H9Z
1T5Z
6T3Z6E
80H6E
40Z9E
2T10H1Z
3T4H11E
80E
5T2Z6E
3T33Z
1T9H99E
6T2H7E
9T14H
4T9H3E
4903
8005
691
2490
1050
6036
8006
409
3010
3411
80
5026
3330
1999
6207
10400

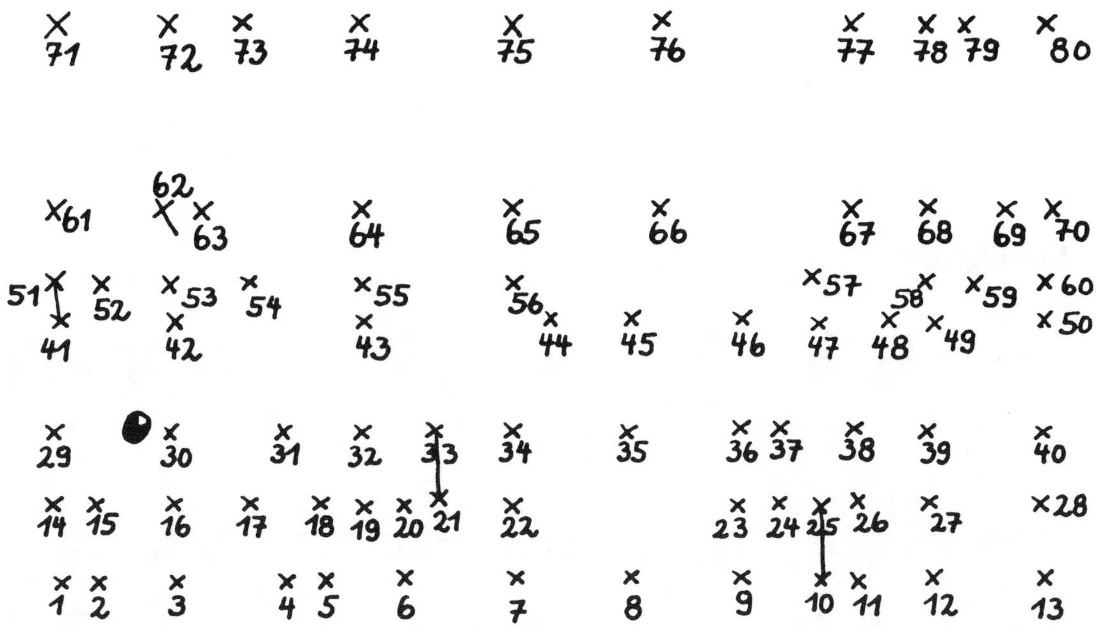

NZ: Nachbarzehner, NH: Nachbarhunderter, NT: Nachbartausender
kl.: kleinerer, gr.: größerer

1. kl. **NH** von 9751

9700: 4 – 2 – 14
9800: 71 – 72 – 73
9600: 64 – 65 – 74

2. gr. **NT** von 7005

6000: 61 – 62 – 64
9000: 73 – 74 – 75
8000: 4 – 18 – 5

3. gr. **NZ** von 4995

5010: 45 – 44 – 8
4990: 76 – 77 – 78
5000: 14 – 19 – 32

4. kl. **NZ** von 7815

7800: 77 – 67 – 57
7810: 6 – 20 – 21
7820: 40 – 39 – 38

5. kl. **NT** von 9950

9000: 5 – 7 – 34
8000: 1 – 3 – 5
9900: 7 – 8 – 9

6. kl. **NZ** von 8005

7990: 5 – 7 – 9
8000: 17 – 31 – 39
7900: 11 – 12 – 13

7. gr. **NZ** von 8684

8700: 35 – 37 – 39
8690: 25 – 26 – 38
8680: 44 – 35 – 8

8. kl. **NZ** von 6705

6710: 71 – 62 – 72
6700: 23 – 24 – 37
6690: 47 – 57 – 68

9. kl. **NH** von 3008

2900: 12 – 13 – 28
3000: 12 – 9 – 23
3100: 43 – 56 – 66

10. gr. **NT** von 1418

1000: 64 – 72 – 71
2000: 12 – 49 – 70
3000: 28 – 40 – 50

11. gr. **NZ** von 2894

2900: 67 – 58 – 69
2890: 50 – 70 – 80
2910: 41 – 30 – 43

12. kl. **NH** von 7811

7700: 43 – 56 – 65
7800: 70 – 79 – 78
8000: 51 – 61 – 51

13. kl. **NT** von 4918

4000: 58 – 69 – 78
5000: 65 – 66 – 46
3000: 25 – 38 – 48

14. gr. **NH** von 5802

6000: 65 – 76 – 77
5900: 55 – 66 – 67
5800: 46 – 35 – 7

15. kl. **NT** von 2991

2000: 63 – 54 – 55
1000: 63 – 73 – 74
2900: 62 – 73 – 74

16. gr. **NH** von 3015

3200: 51 – 61 – 62
3000: 53 – 63 – 73
3100: 52 – 53 – 63

17. kl. **NH** von 3095

2900: 32 – 43 – 55
3100: 15 – 14 – 29
3000: 15 – 29 – 41

18. gr. **NT** von 9455

10000: 51 – 52 – 62
9000: 43 – 44 – 45
9500: 59 – 60 – 70

Lösungen:

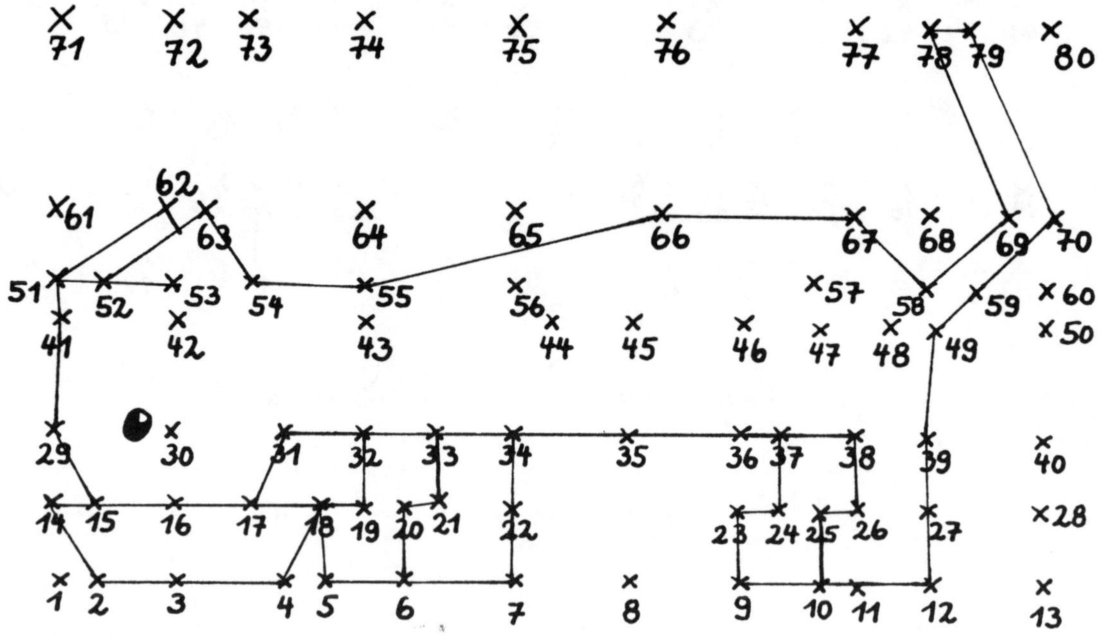

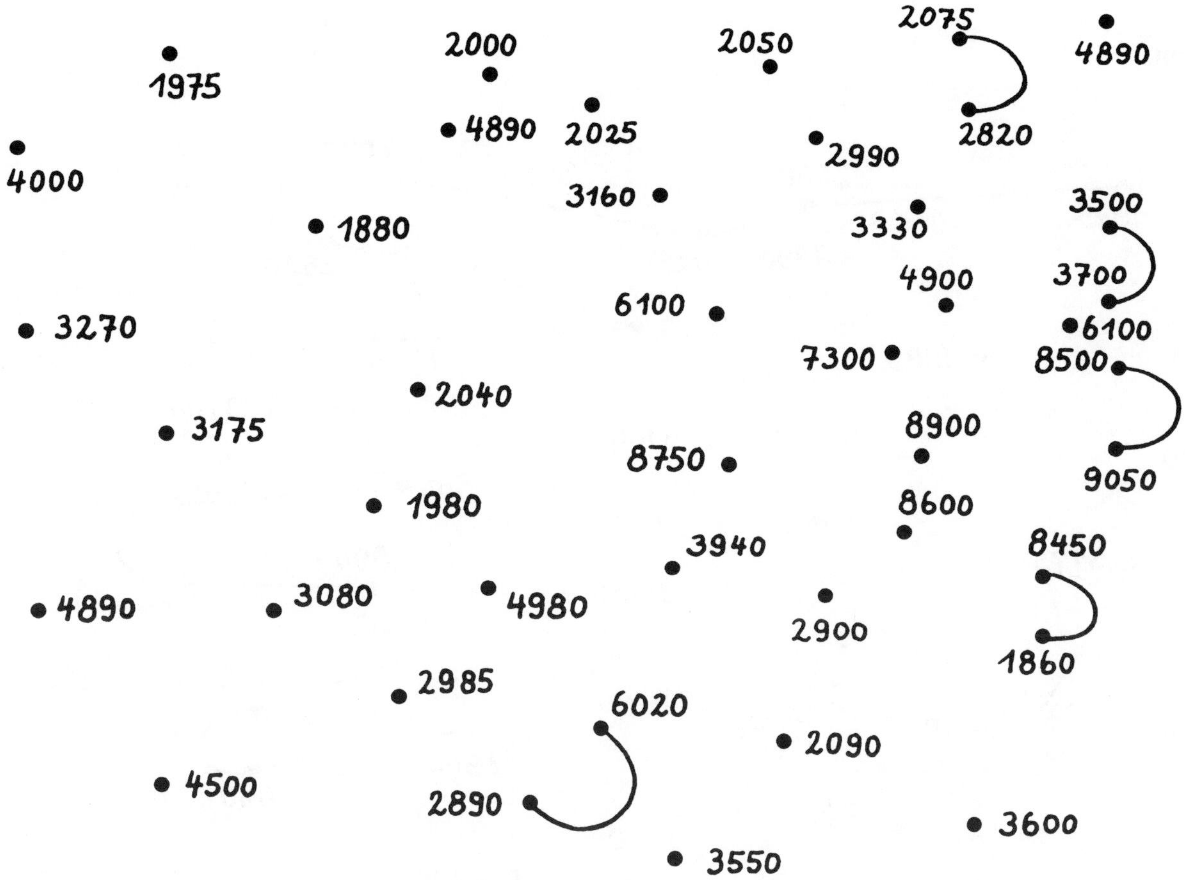

Setze die Folgen fort!

① 1900, 1925, 1950, ______, ______, ______, ______, ______

② 9500, 9350, 9200, ______, ______, ______, ______, ______

③ 100, 1300, 2500, ______, ______, ______, ______, ______

④ 3555, 3460, 3365, ______, ______, ______, ______, ______

⑤ 2310, 2480, 2650, ______, ______, ______, ______, ______

⑥ 9140, 8100, 7070, ______, ______, ______, ______, ______

Lösungen:

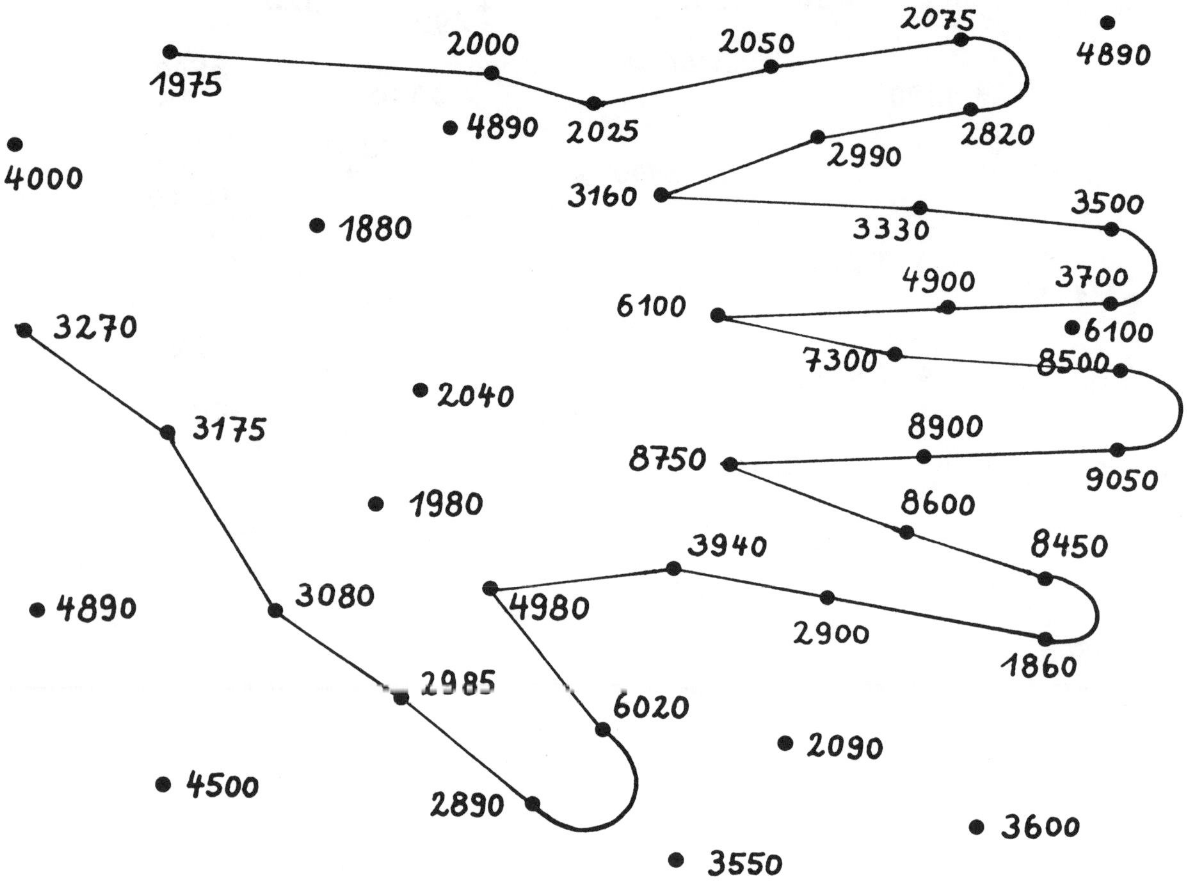

Setze die Folgen fort!

① 1900, 1925, 1950, 1975, 2000, 2025, 2050, 2075
② 9500, 9350, 9200, 9050, 8900, 8750, 8600, 8450
③ 100, 1300, 2500, 3700, 4900, 6100, 7300, 8500
④ 3555, 3460, 3365, 3270, 3175, 3080, 2985, 2890
⑤ 2310, 2480, 2650, 2820, 2990, 3160, 3330, 3500
⑥ 9140, 8100, 7060, 6020, 4980, 3940, 2900, 1860

Ergänze zu 10 000!

8000	2020	5000	4000	1010
9989	6300	9970	9 991	3900
4400	8500	9600	9 950	9890
3200	9750	9999	2	1000

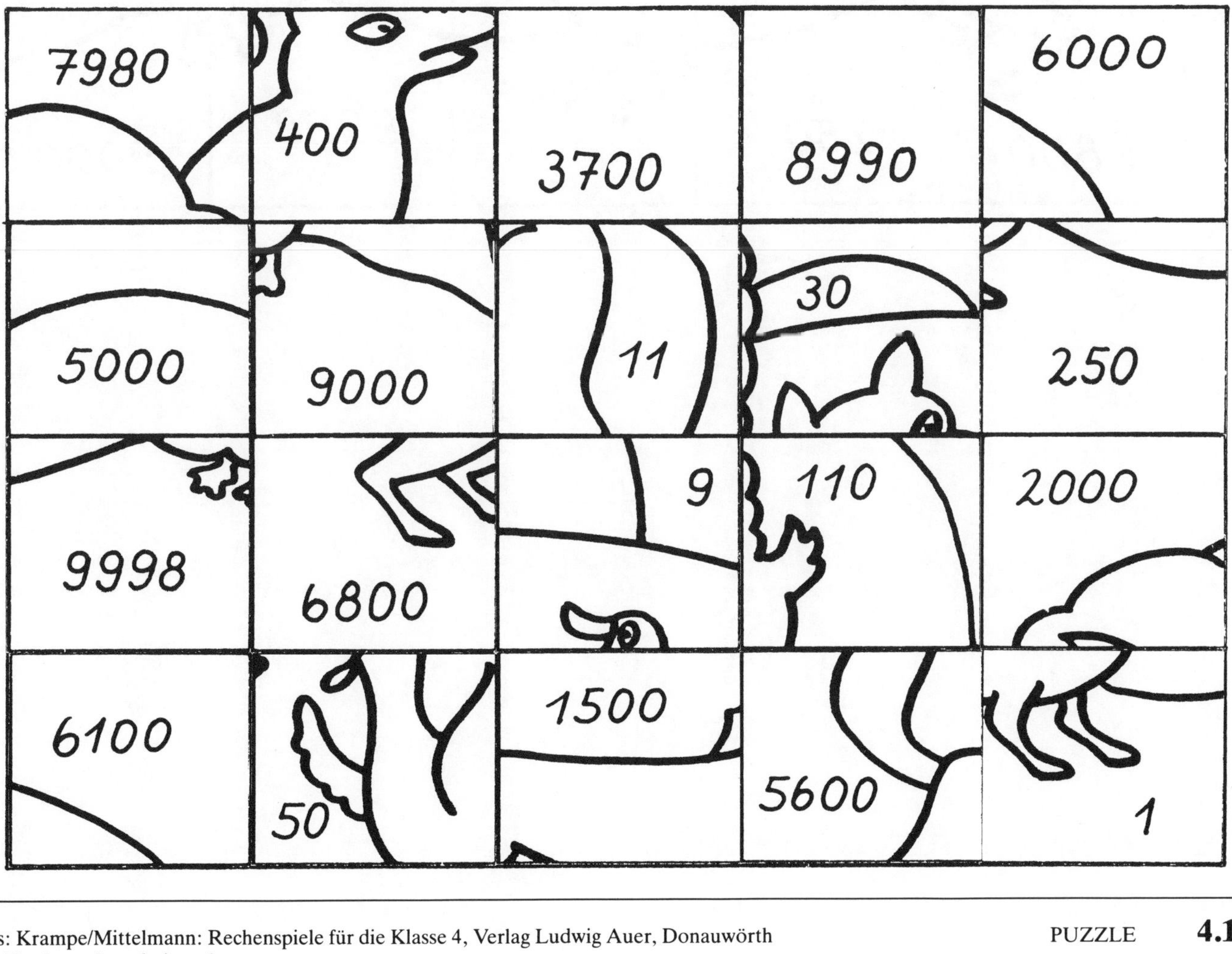

Lösungen:

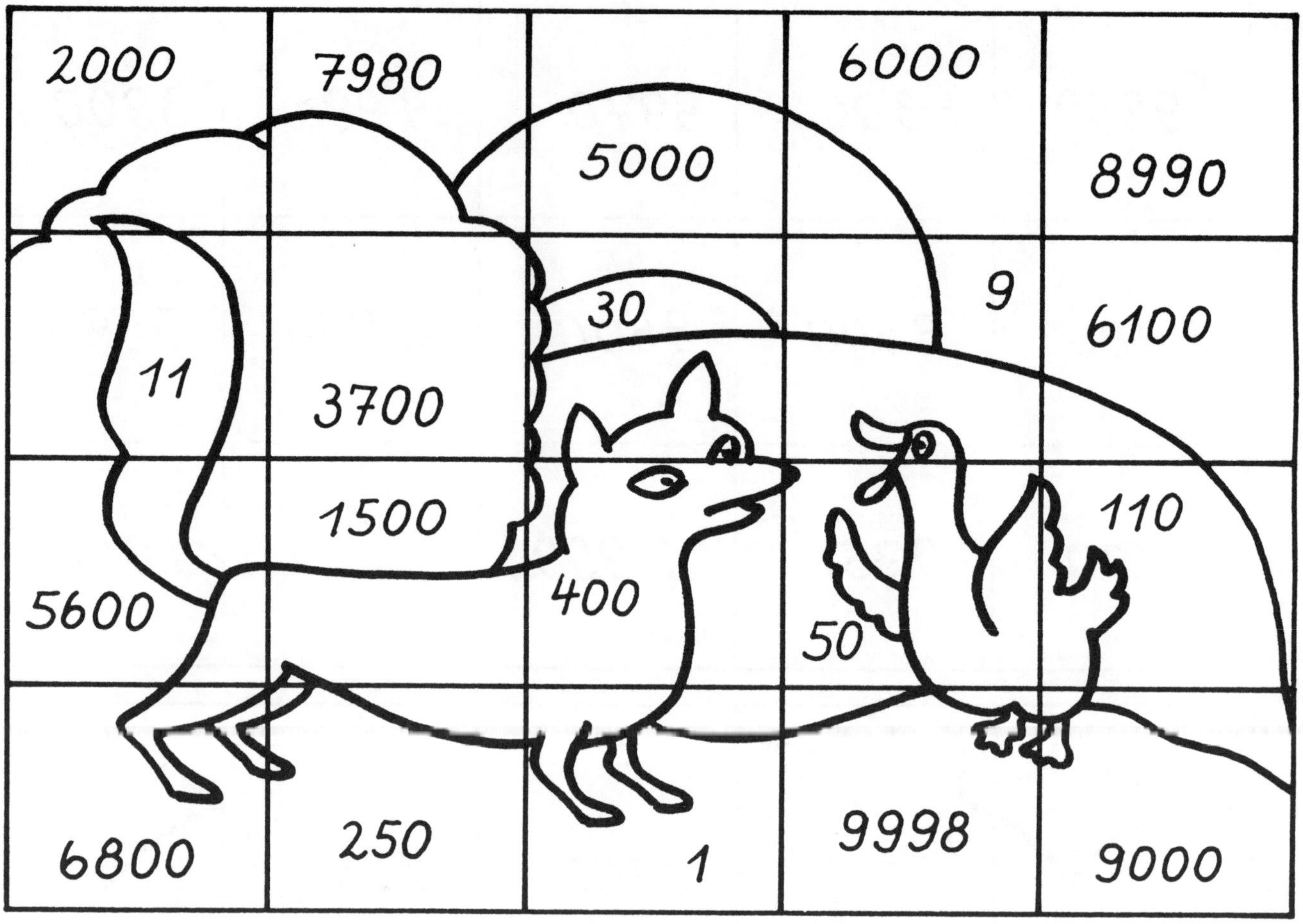

2000
7980
6000
5000
8990
11
3700
30
9
6100
1500
110
5600
400
50
6800
250
1
9998
9000

6400 : 8	8100 : 9	2700 : 9	5600 : 8	4800 : 8
3600 : 9	1200 : 6	3000 : 3	3500 : 7	1000 : 10
7 · 600	5 · 800	9 · 900	6 · 600	8 · 900
6 · 400	7 · 900	7 · 700	5 · 500	8 · 400

Lösungen:

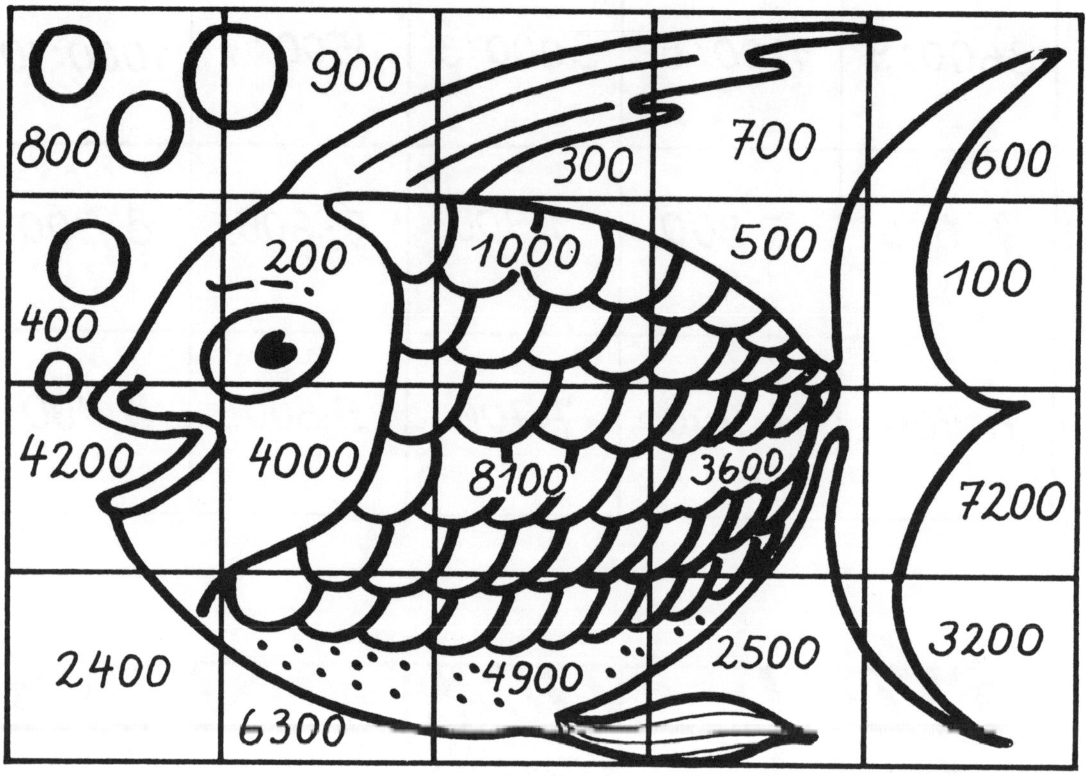
900
800
300
700
600
200
1000
500
100
400
4200
4000
8100
3600
7200
2400
4900
2500
3200
6300

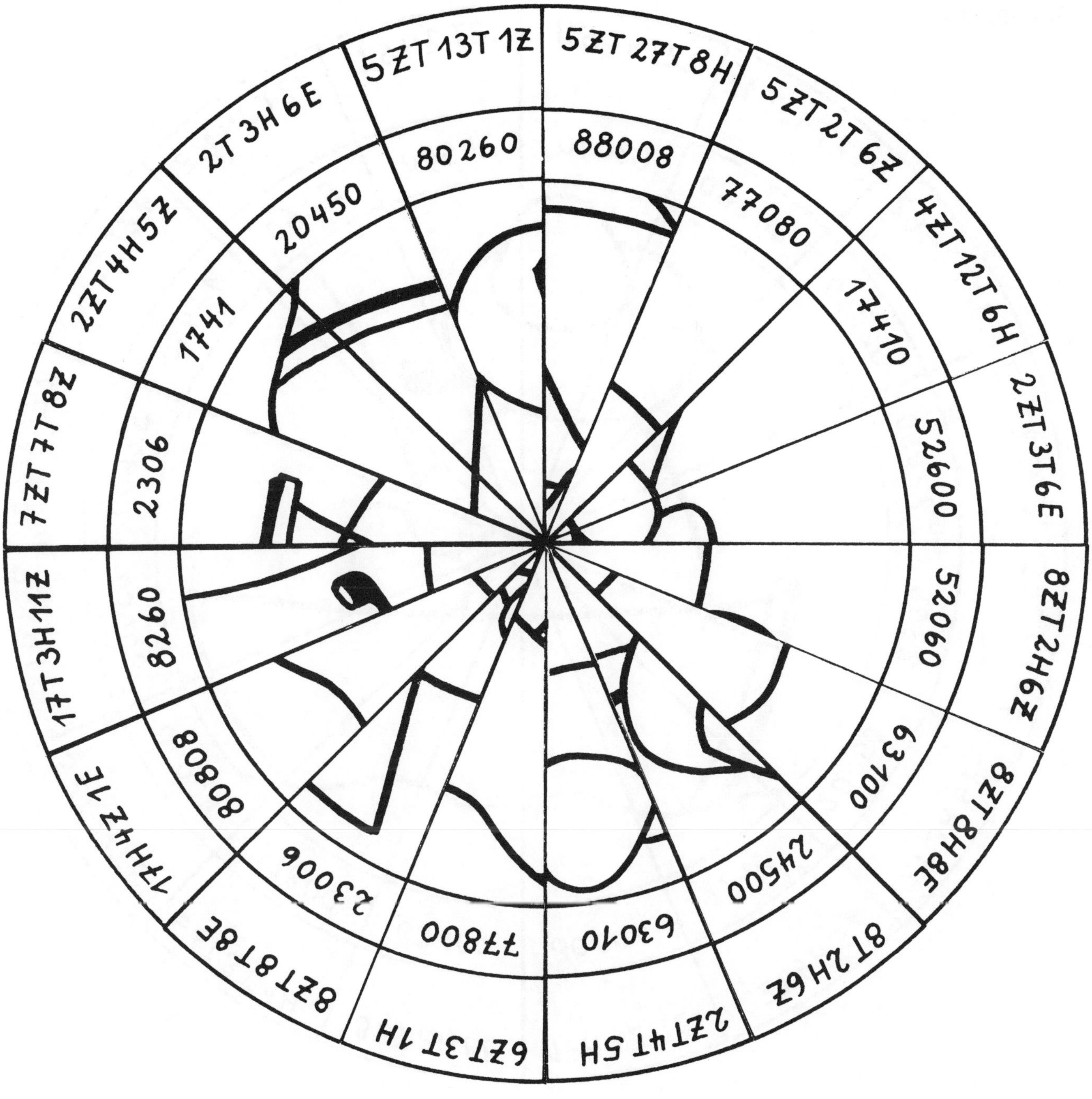
5ZT 13T 1Z
5ZT 27T 8H
5ZT 2T 6Z
4ZT 12T 6H
2ZT 3T 6E
8ZT 2H 6Z
8ZT 8H 8E
8T 2H 6Z
2ZT 4T 5H
6ZT 3T 1H
8ZT 8T 8E
17H 4Z 1E
17T 3H 11Z
7ZT 7T 8Z
2ZT 4H 5Z
2T 3H 6E
80260
88008
77080
17410
52600
52060
63100
24500
63010
77800
23006
80808
8260
2306
1741
20450

Lösungen:

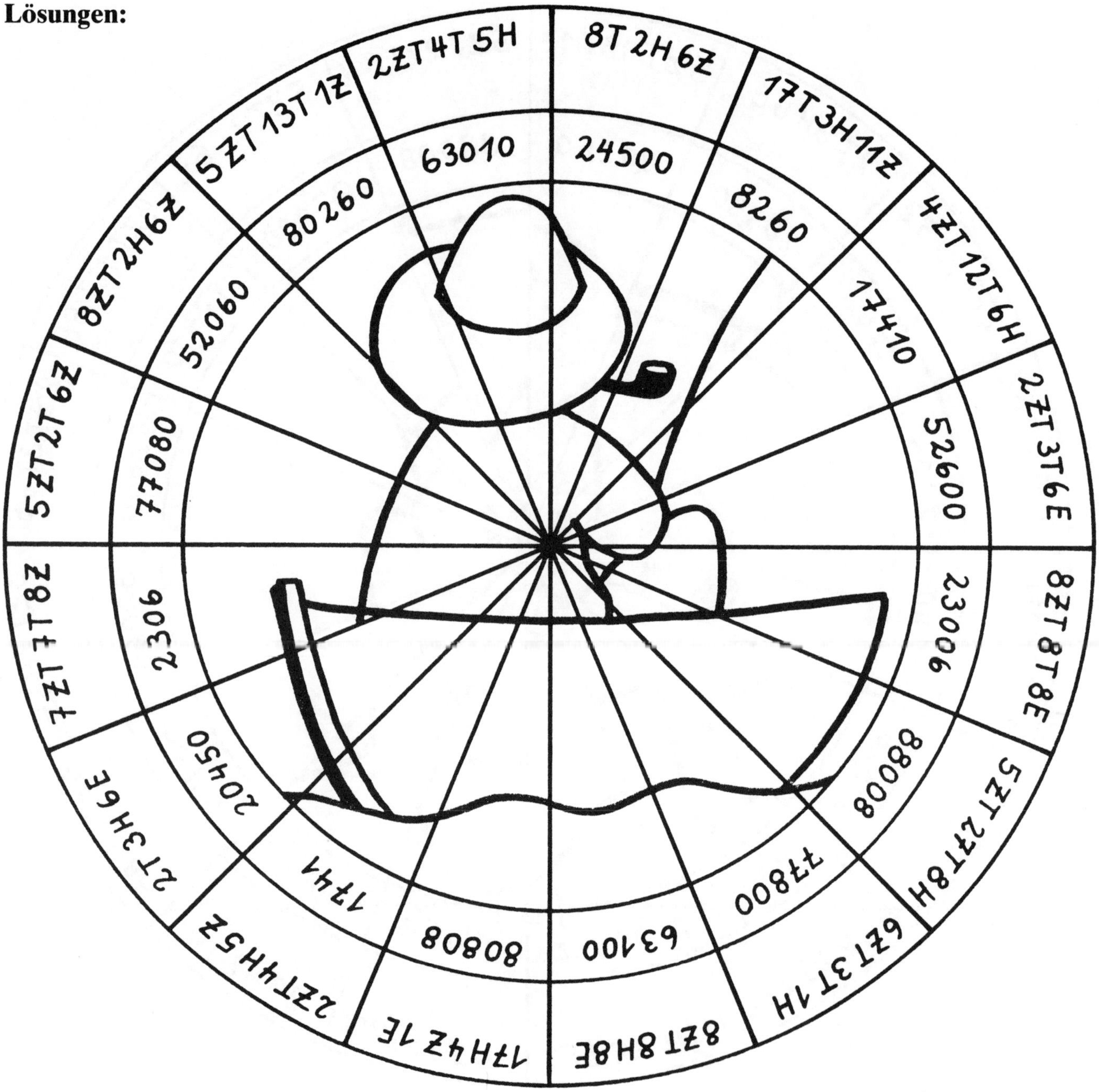
2ZT 4T 5H
8T 2H 6Z
17T 3H 11Z
4ZT 12T 6H
2ZT 3T 6E
8ZT 8T 8E
5ZT 27T 8H
6ZT 3T 1H
8ZT 8H 8E
17H 4Z 1E
2ZT 4H 5Z
2T 3H 6E
7ZT 7T 8Z
5ZT 2T 6Z
8ZT 2H 6Z
5ZT 13T 1Z
63010
24500
8260
17410
52600
23006
80088
77800
63100
80808
1741
20450
2306
77080
52060
80260

Aufgabe:

Suche den größeren (gr.) oder kleineren (kl.) Nachbarzehner (Z), Nachbarhunderter (H), Nachbartausender (T) oder Nachbarzehntausender (ZT)!

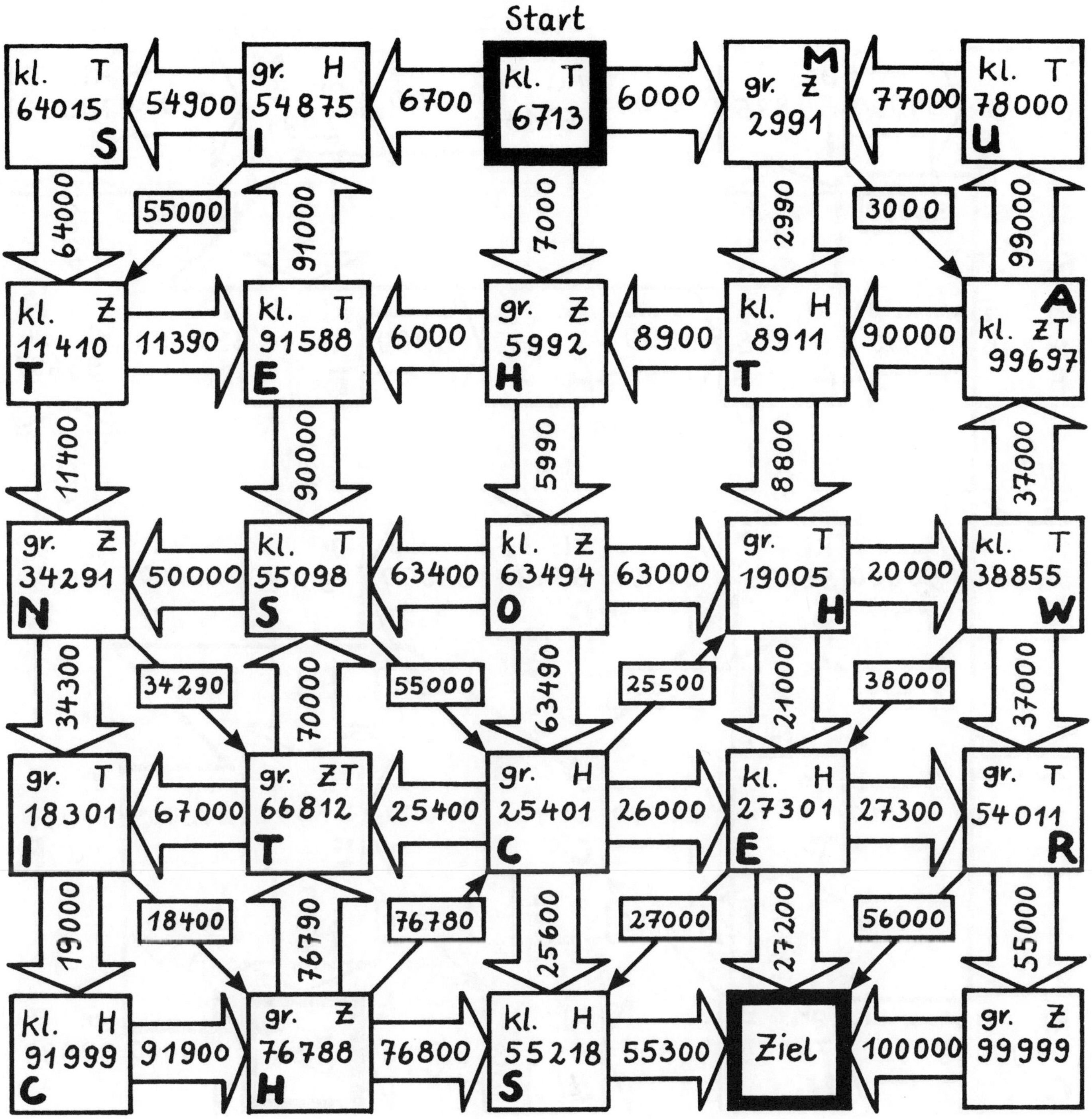

Lösungen:

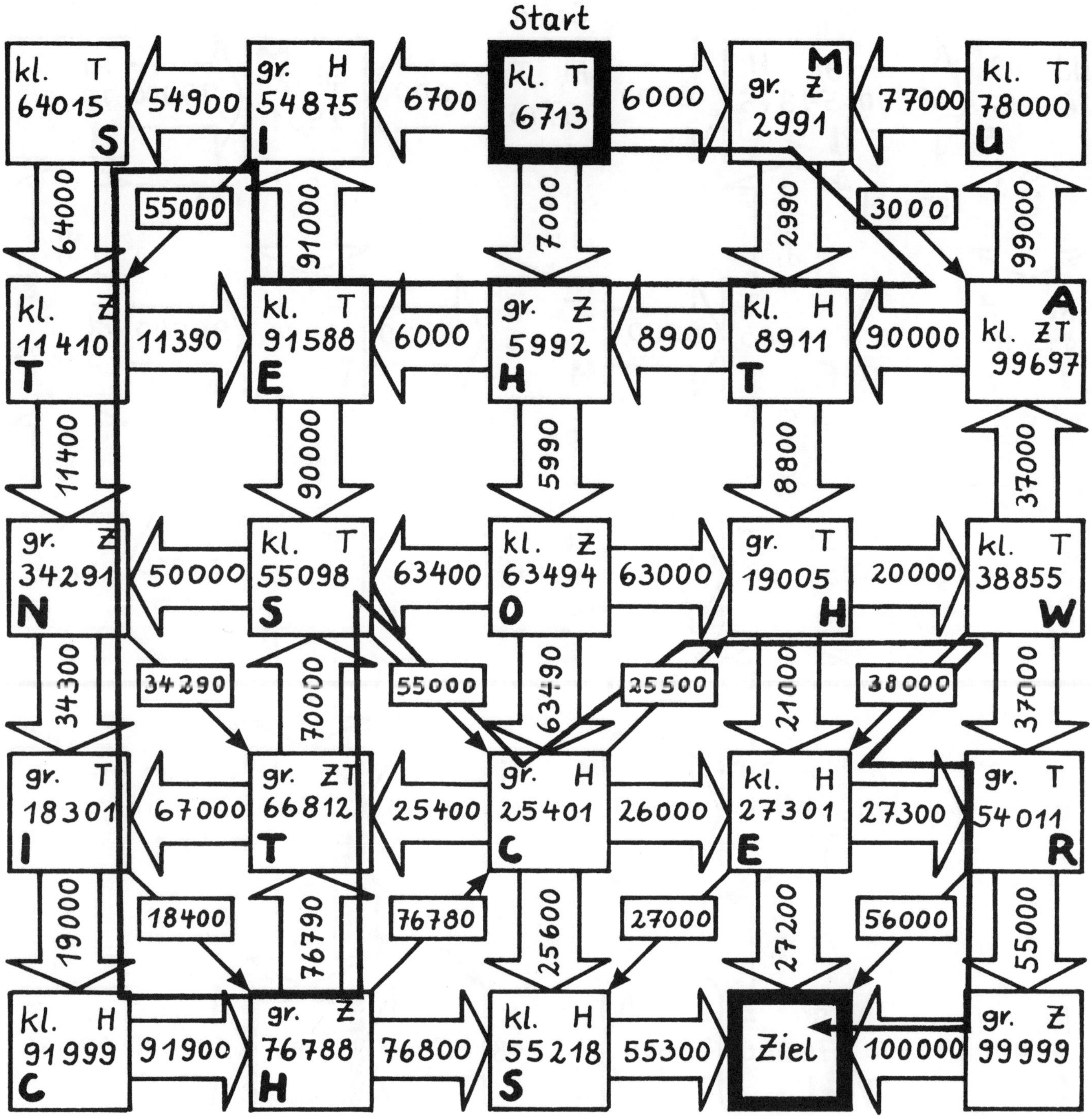

M	A	T	H	E

I	S	T

N	I	C	H	T

S	C	H	W	E	R

MATHE IST NICHT SCHWER

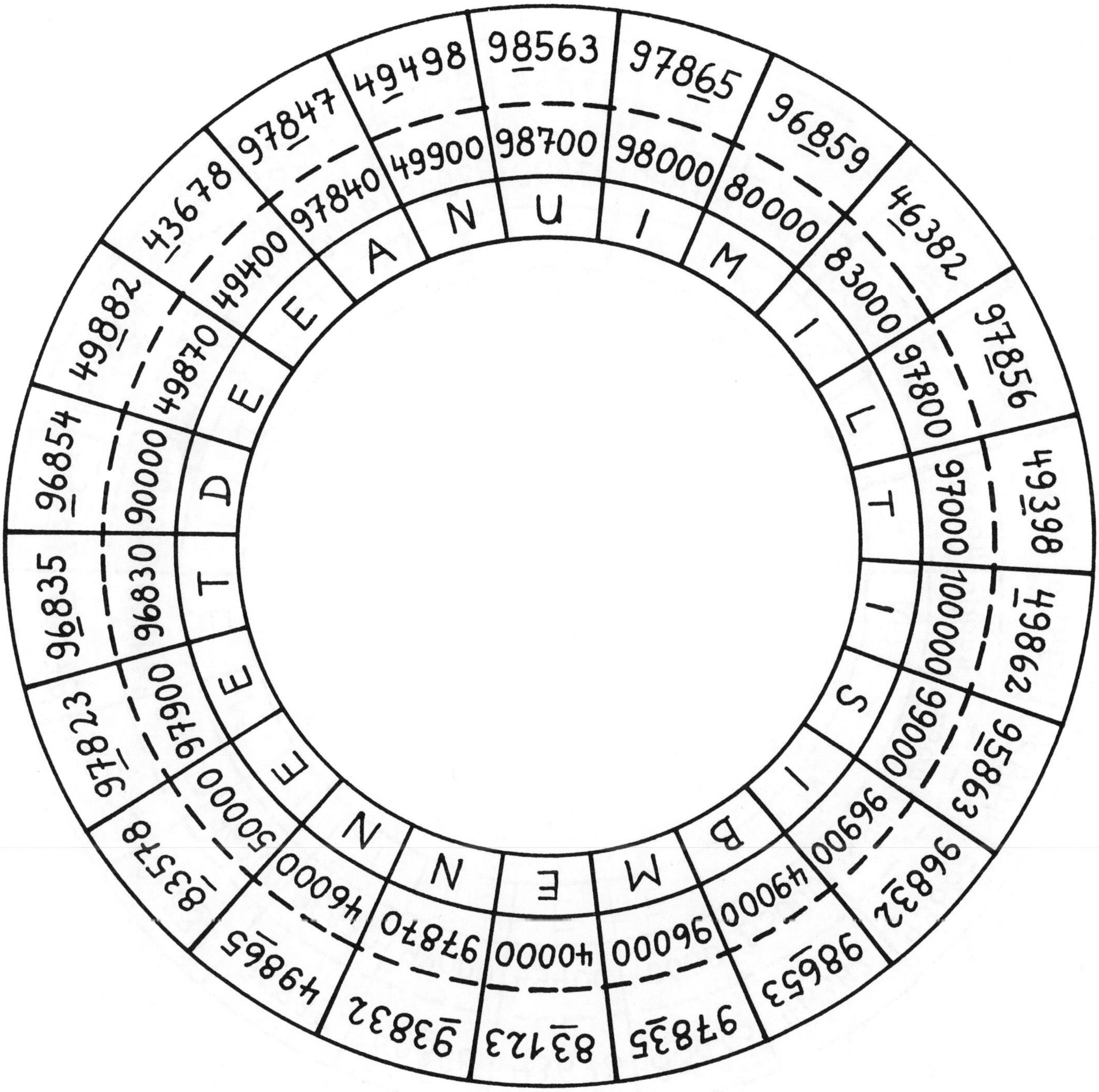
98563
98700
U
97865
98000
I
96859
80000
M
46382
83000
I
97856
97800
L
49398
97000
T
49862
100000
I
95863
99000
S
96832
96900
I
98653
49000
B
97835
96000
M
83123
40000
E
93832
97870
N
49865
46000
N
83578
50000
E
97823
97900
E
96835
96830
T
96854
90000
D
49882
49870
E
43678
49400
E
97847
97840
A
49498
49900
N

Lösungen:

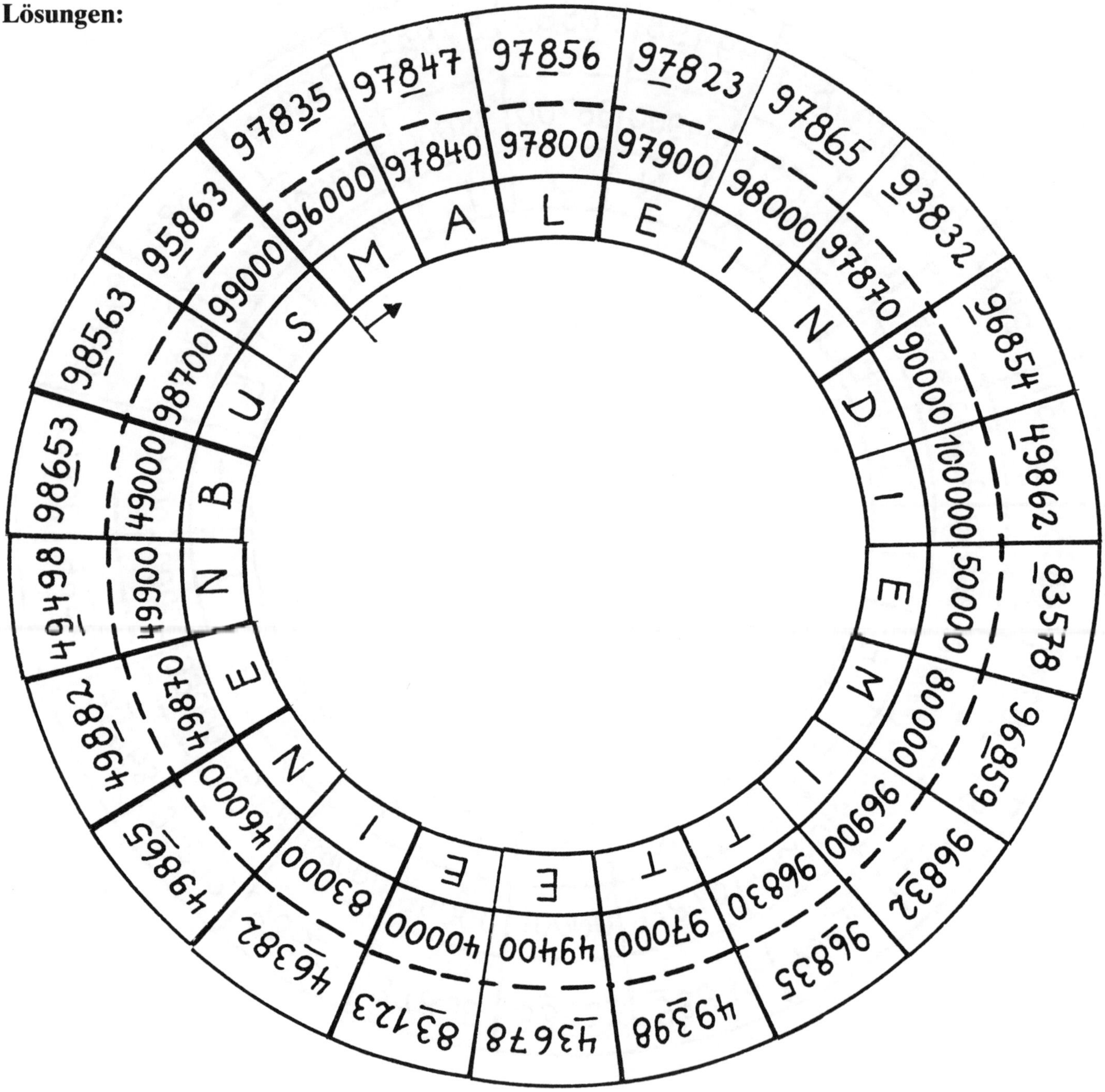
97835
97847
97856
97823
97865
93832
96854
49862
83578
96859
96832
96835
49398
43678
83123
46382
49865
49882
49498
98653
98563
95863
96000
97840
97800
97900
98000
97870
90000
100000
50000
80000
96900
96830
97000
49400
40000
83000
46000
49870
49900
49000
98700
99000
M
A
L
E
I
N
D
I
E
M
I
T
T
E
E
I
N
E
N
B
U
S

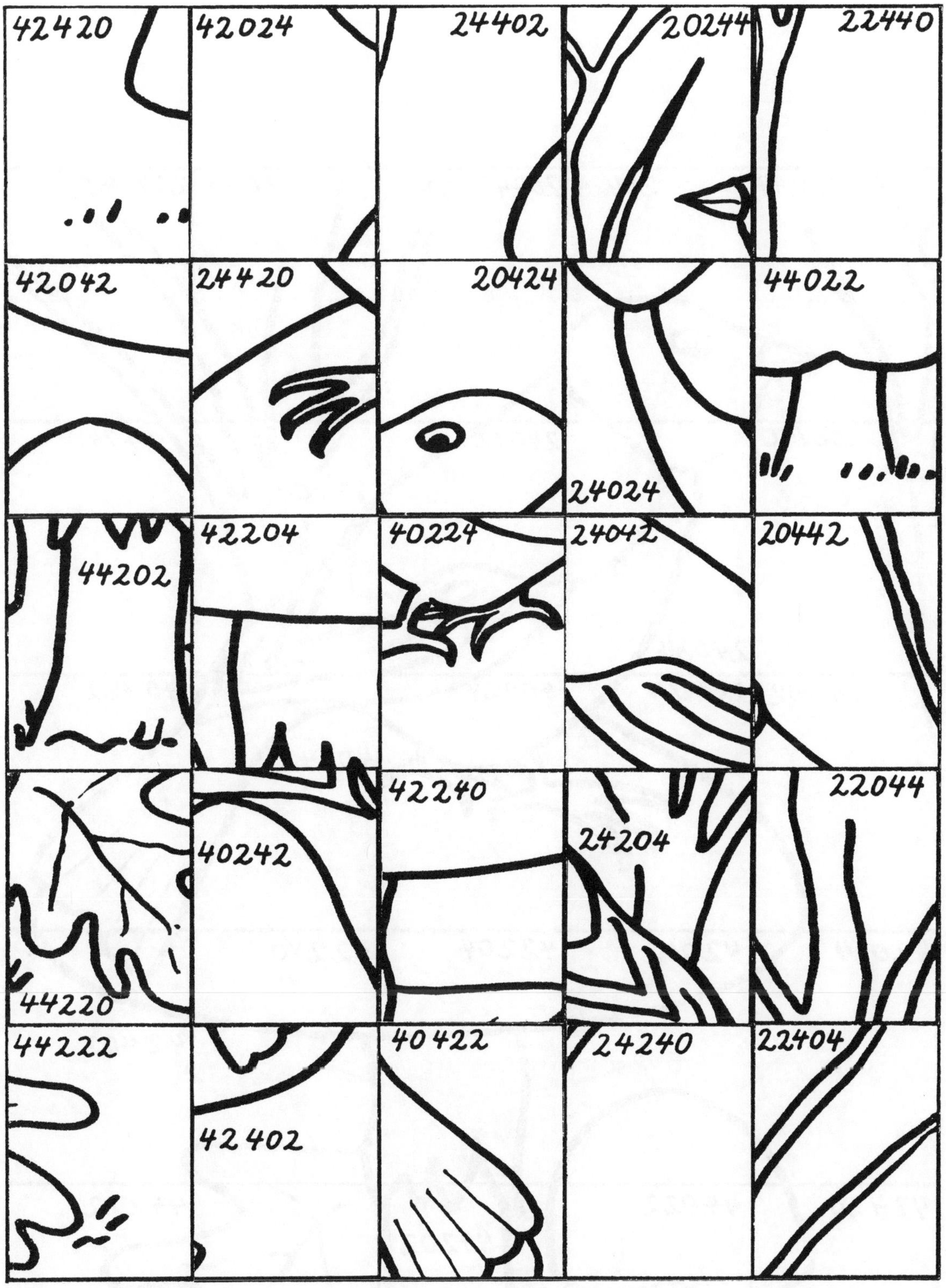

Schneide die Teile aus und ordne sie der Größe nach!
Klebe dann immer 5 in eine Reihe!

Aus: Krampe/Mittelmann: Rechenspiele für die Klasse 4, Verlag Ludwig Auer, Donauwörth

Lösungen:

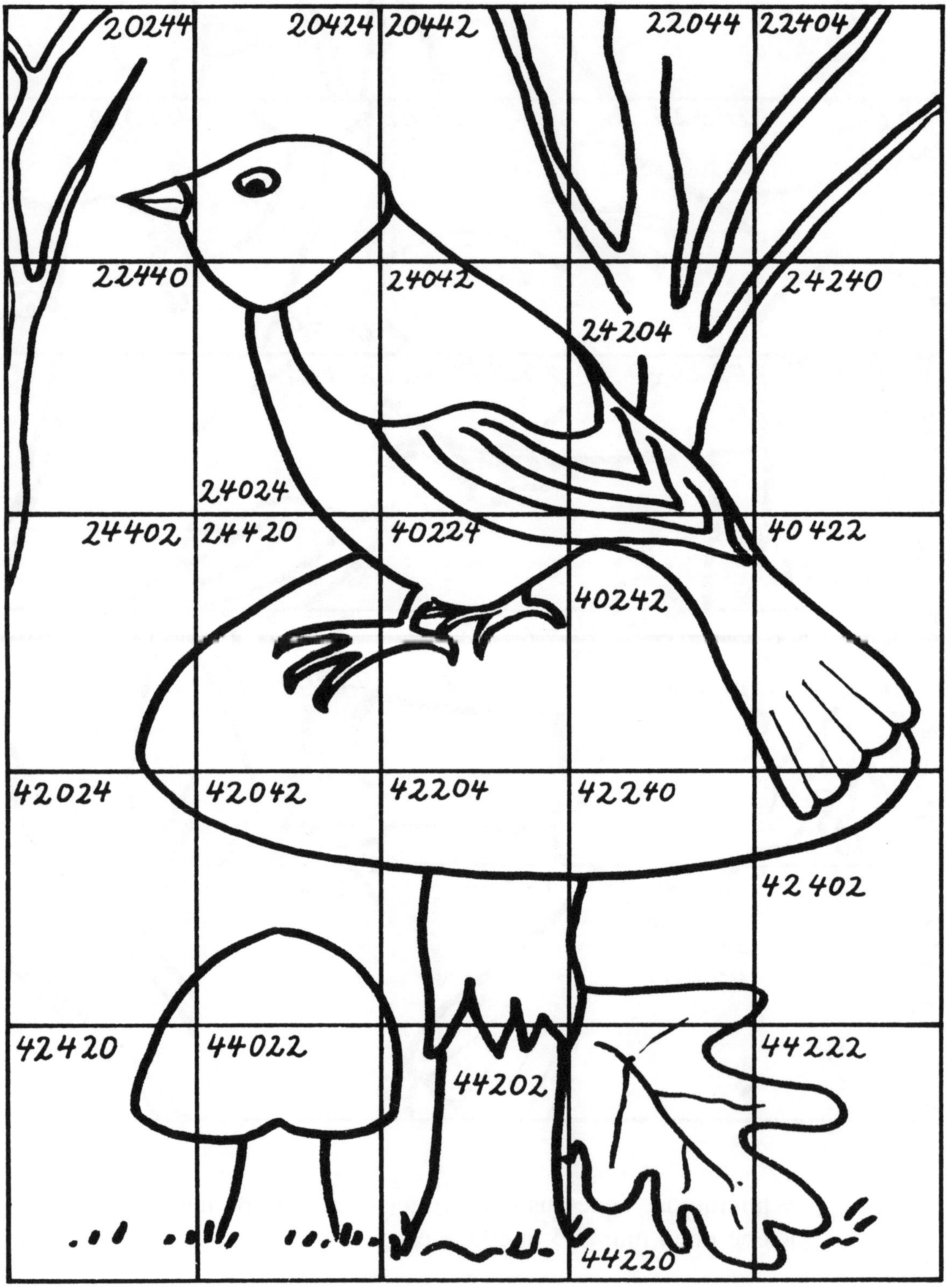
20244
20424
20442
22044
22404
22440
24042
24204
24240
24024
24402
24420
40224
40242
40422
42024
42042
42204
42240
42402
42420
44022
44202
44220
44222

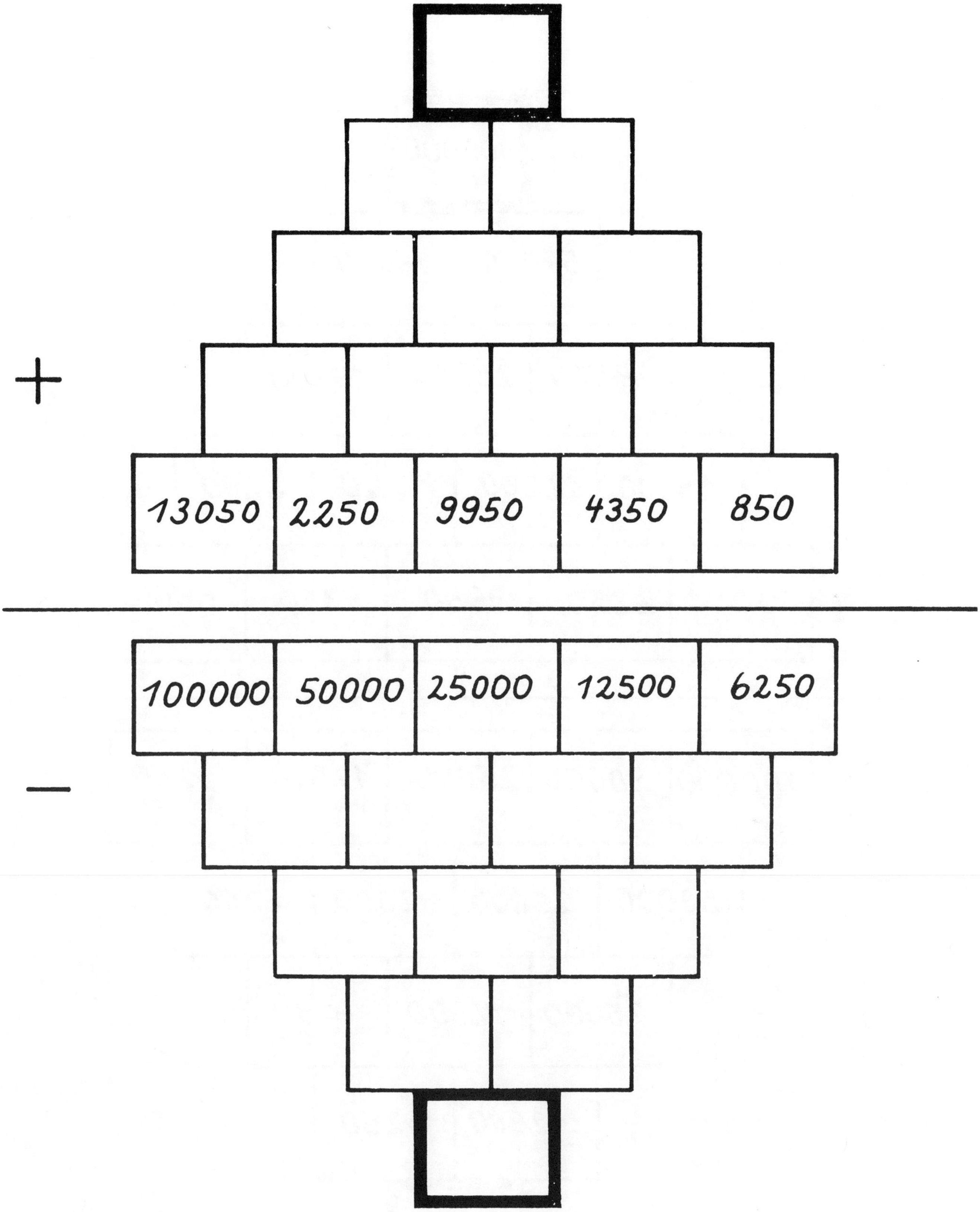
+
13050
2250
9950
4350
850
100000
50000
25000
12500
6250
—

Lösungen:

+

100000				
54000	46000			
27500	26500	19500		
15300	12200	14300	5200	
13050	2250	9950	4350	850

—

100000	50000	25000	12500	6250
50000	25000	12500	6250	
25000	12500	6250		
12500	6250			
6250				

6 HT 2 T 4 Z	= ______________	7 T 7 H 7 HT 7 E	= ______________
8 HT 2 T 3 H 2 E	= ______________	2 ZT 2 HT 4 T 4 Z	= ______________
1 M 3 ZT 4 H	= ______________	1 M 1 ZT 1 Z 1 E	= ______________
5 HT 9 T 4 Z 3 E	= ______________	1 M 1 HT 1 T 1 H	= ______________
1 H 3 T 7 HT 6 ZT	= ______________	1 M 1 ZT 1 H 1 E	= ______________
7 E 8 ZT 2 HT 1 M	= ______________	1 HT 1 ZT 1 H 1 Z	= ______________
4 Z 6 T 1 M	= ______________	2 HT 3 T 4 E 5 Z	= ______________
3 HT 4 E 5 T 3 ZT	= ______________	6 E 8 Z 4 H 7 HT	= ______________
2 ZT 8 H 3 E 1 HT	= ______________	4 HT 1 ZT 9 T 3 H	= ______________

7 Z 5 E 8 ZT 7 HT = ______________

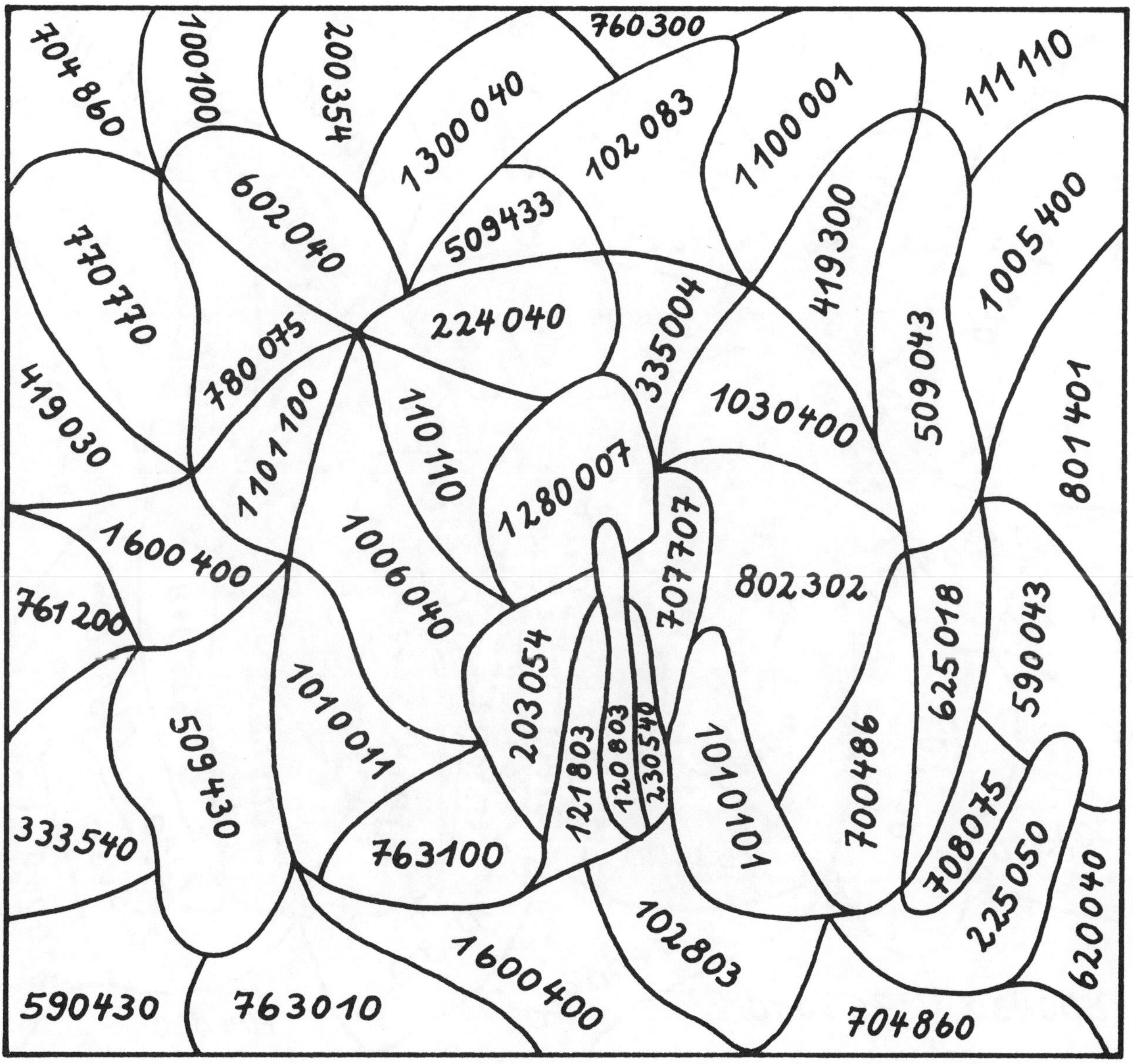

Lösungen:

6 HT 2 T 4 Z = 602 040
8 HT 2 T 3 H 2 E = 802 302
1 M 3 ZT 4 H = 1 030 400
5 HT 9 T 4 Z 3 E = 509 043
1 H 3 T 7 HT 6 ZT = 763 100
7 E 8 ZT 2 HT 1 M = 1 280 007
4 Z 6 T 1 M = 1 006 040
3 HT 4 E 5 T 3 ZT = 335 004
2 ZT 8 H 3 E 1 HT = 120 803

7 T 7 H 7 HT 7 E = 707 707
2 ZT 2 HT 4 T 4 Z = 224 040
1 M 1 ZT 1 Z 1 E = 1 010 011
1 M 1 HT 1 T 1 H = 1 101 100
1 M 1 ZT 1 H 1 E = 1 010 101
1 HT 1 ZT 1 H 1 Z = 110 110
2 HT 3 T 4 E 5 Z = 203 054
6 E 8 Z 4 H 7 HT = 700 486
4 HT 1 ZT 9 T 3 H = 419 300

7 Z 5 E 8 ZT 7 HT = 780 075

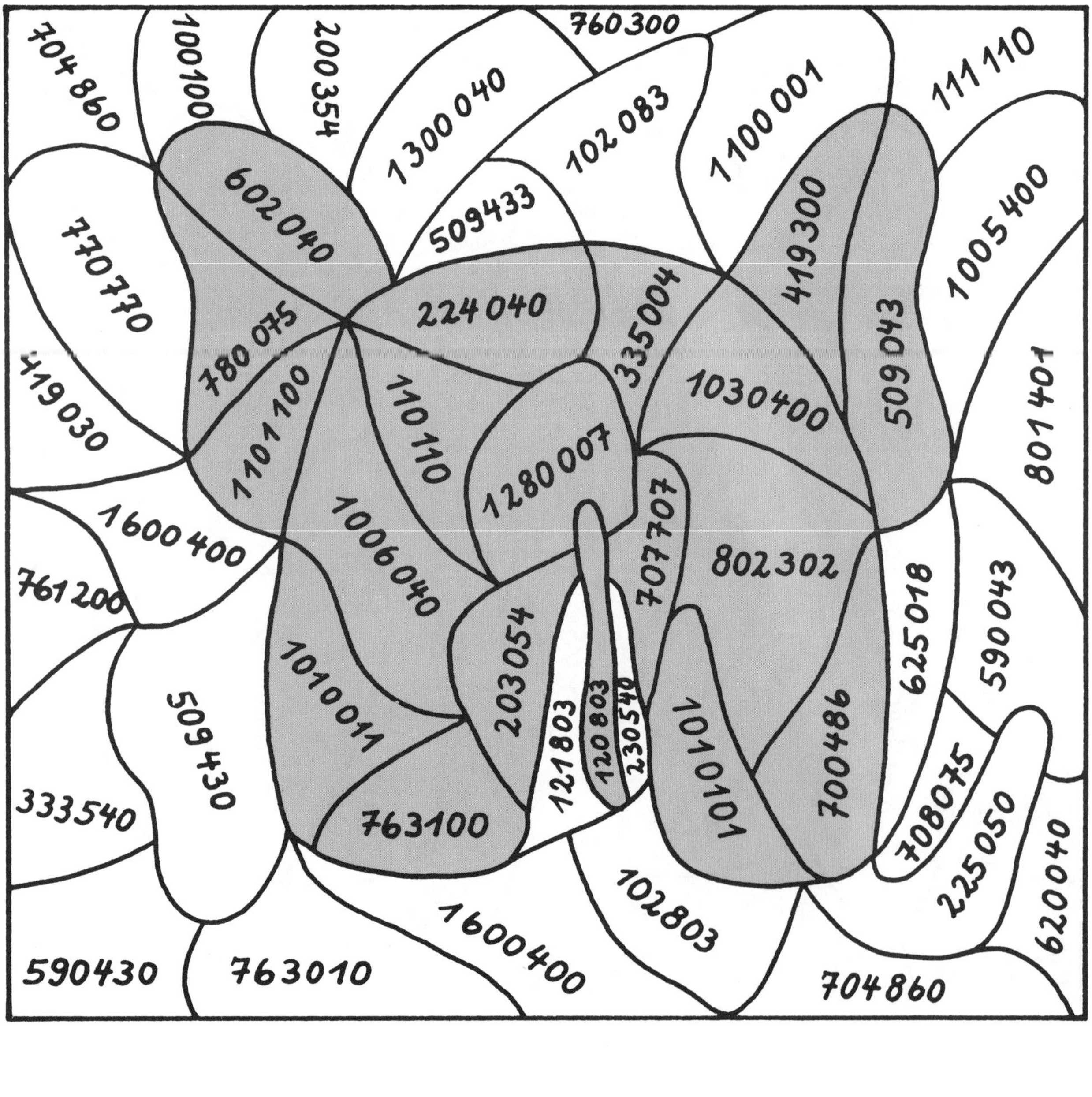

18550	gr.T	
18550	kl.T	
18550	kl.ZT	
150500	kl.ZT	
17900	gr.T	
10460	kl.T	
245100	kl.HT	
19999	kl.T	
465500	kl.ZT	
195000	gr.ZT	
345400	gr.HT	
46540	kl.ZT	
40650	kl.T	
45065	gr.T	
106100	kl.ZT	
3005	gr.T	
150550	kl.HT	
15500	kl.T	
141141	gr.ZT	
19100	gr.T	
10410	gr.HT	
188880	kl.ZT	

Schlüssel:

2000	B
4000	R
5000	F
9000	I
10000	S
15000	C
18000	A
19000	D
20000	N
40000	L
45000	V
46000	G
50000	M
90000	P
100000	E
150000	H
190000	W
180000	T
200000	T
300000	Z
400000	O
460000	U

Aufgabe:

Suche den *größeren* Nachbartausender (gr.T) oder -zehntausender (gr.ZT) oder -hunderttausender (gr.HT)! Suche den *kleineren* Nachbartausender (kl.T) oder -zehntausender (kl.ZT) oder -hunderttausender (kl.HT)!

18550	gr. T	19000	D
18550	kl. T	18000	A
18550	kl. ZT	10000	S
150500	kl. ZT	150000	H
17900	gr. T	18000	A
10460	kl. T	10000	S
245100	kl. HT	200000	T
19999	kl. T	19000	D
465500	kl. ZT	460000	U
195000	gr. ZT	200000	T
345400	gr. HT	400000	O
46540	kl. ZT	40000	L
40650	kl. T	40000	L
45065	gr. T	46000	G
106100	kl. ZT	100000	E
3005	gr. T	4000	R
150550	kl. HT	100000	E
15500	kl. T	15000	C
141141	gr. ZT	150000	H
19100	gr. T	20000	N
10410	gr. HT	100000	E
188880	kl. ZT	180000	T

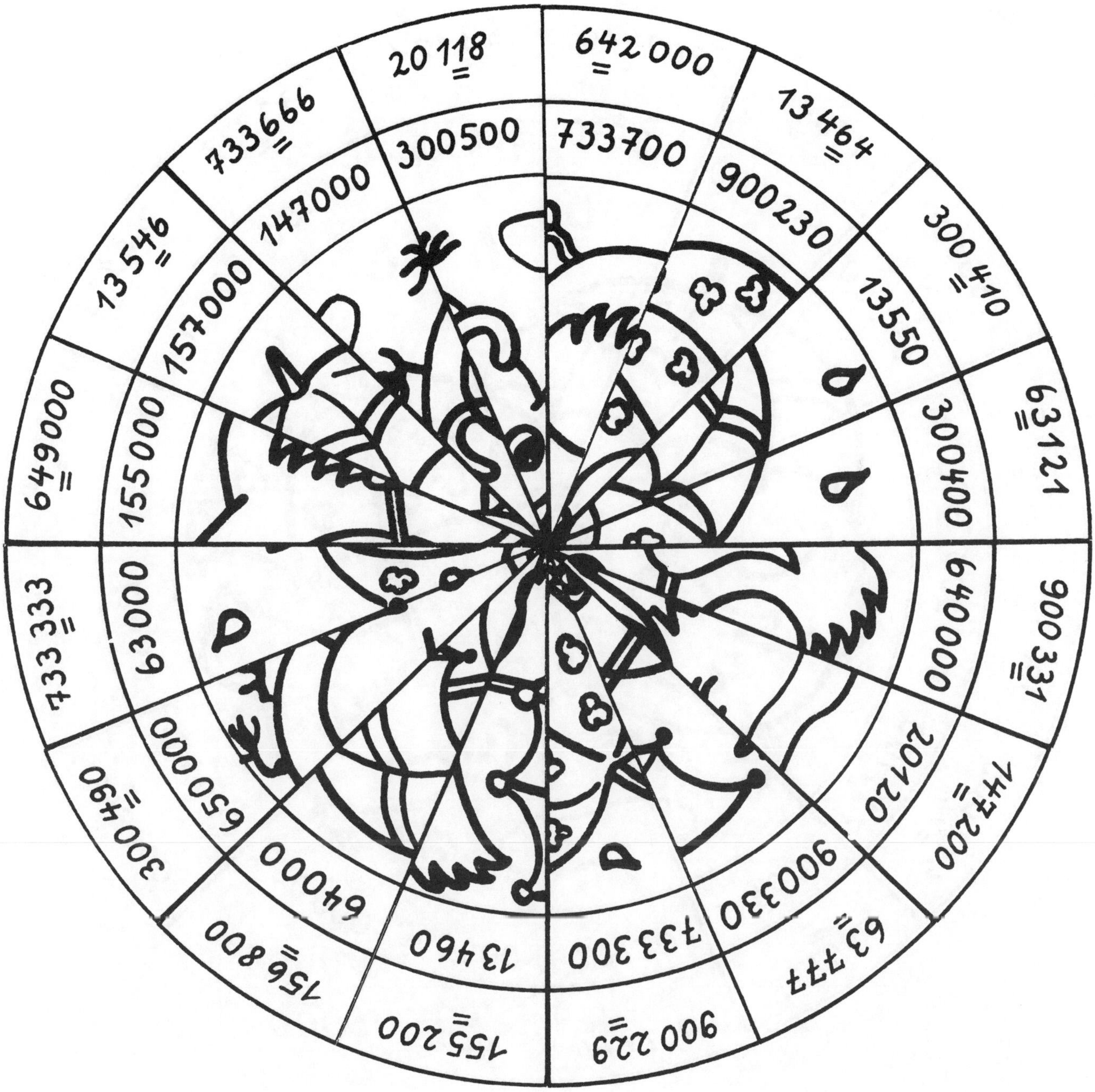
20 118
642 000
300500
733700
733666
13 464
147000
900230
13 546
300 410
157000
13550
649000
63 121
155000
300400
733 333
900 331
63000
640000
300 490
650000
147 200
20120
64000
900330
156 800
13460
733300
63 777
155 200
900 229

Lösungen:

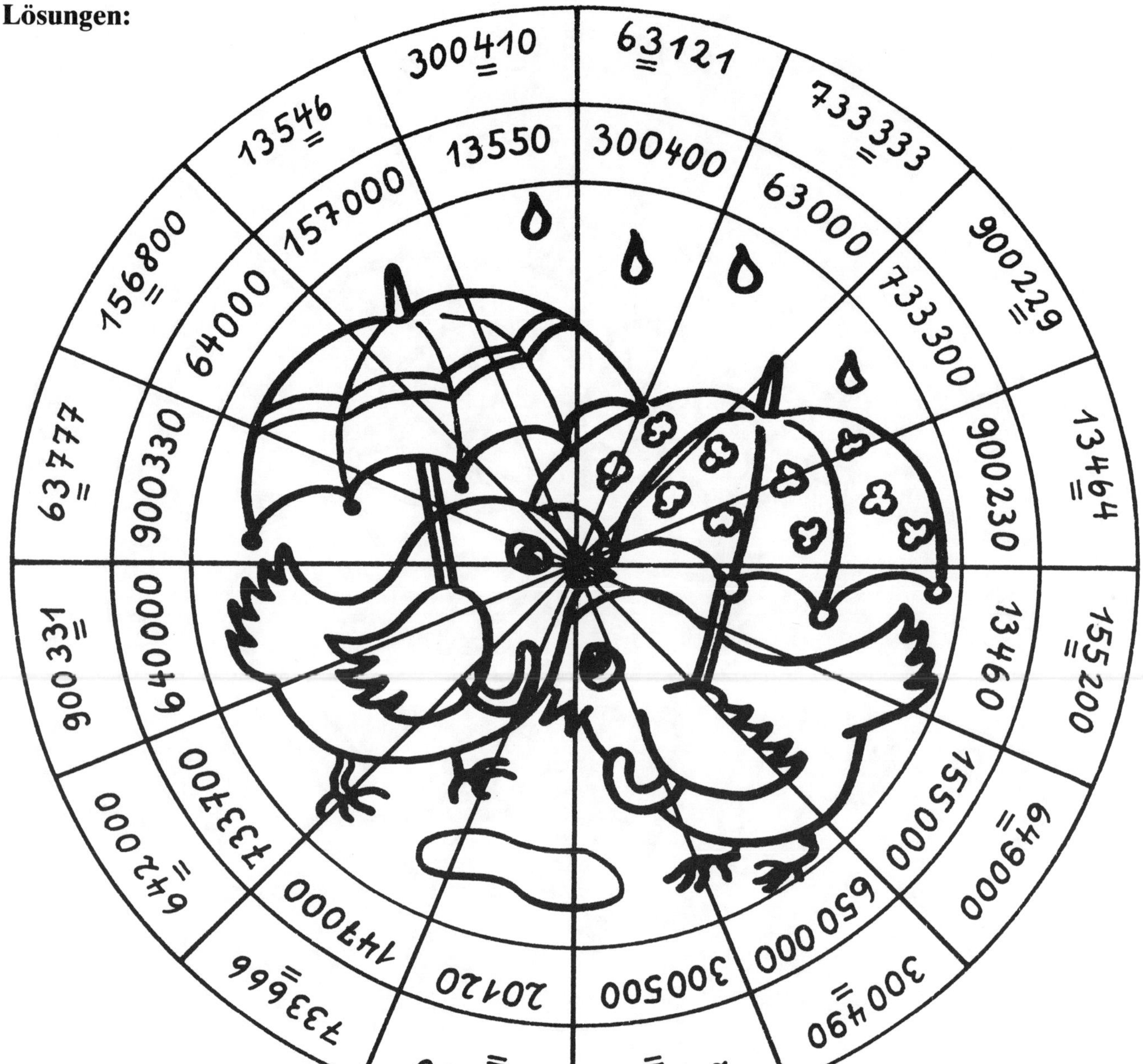
300410
63121
733333
900229
13464
155200
649000
300490
20118
147200
733666
642000
900331
63777
156800
13546
13550
300400
63000
733300
900230
13460
155000
650000
300500
20120
147000
733700
640000
900330
64000
157000

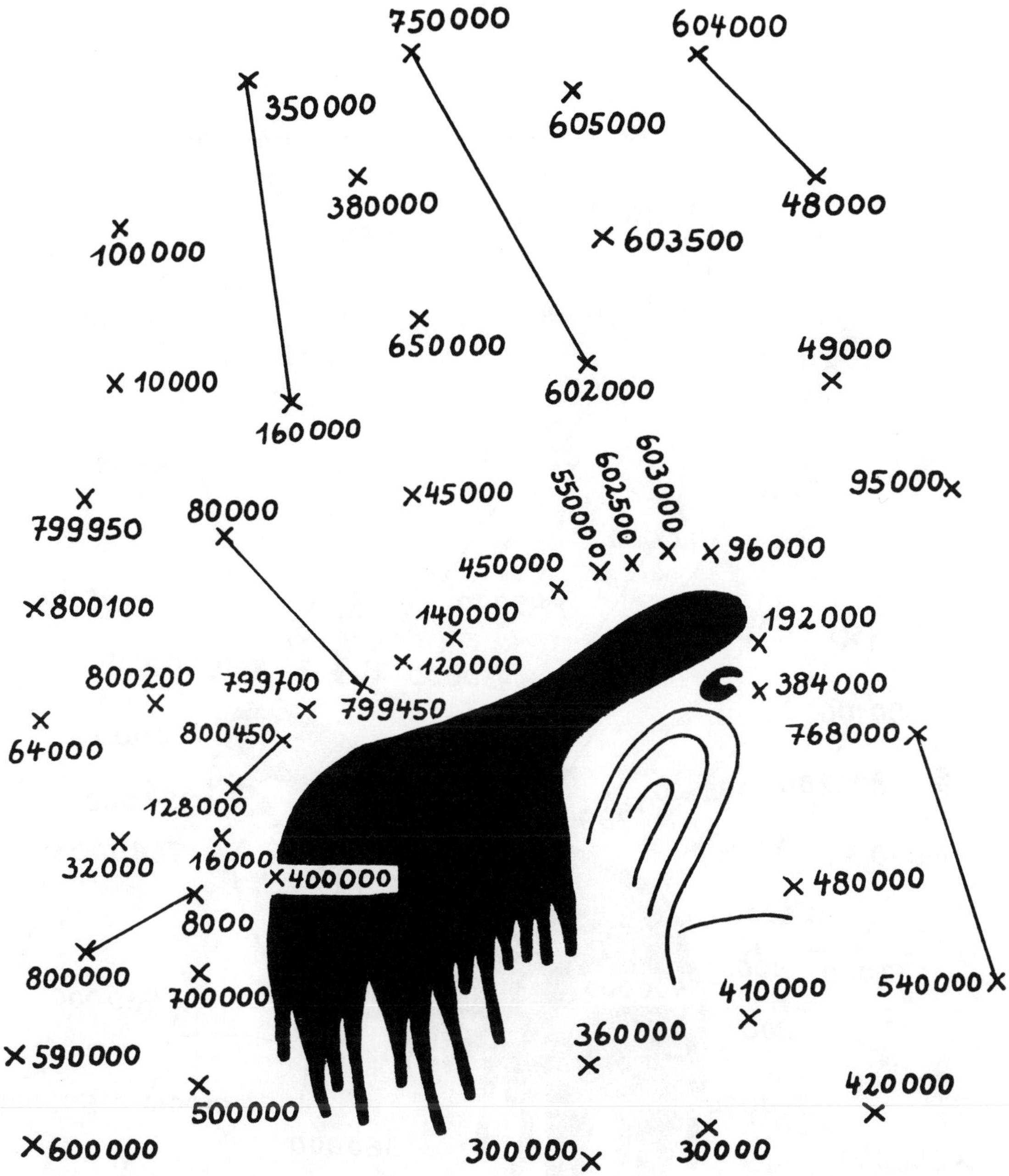

Setze die Folgen fort und verbinde nur die gefundenen Zahlen jeder Folge:

100 000, 200 000, 300 000, ______, ______, ______, ______, ______

50 000, 150 000, 250 000, ______, ______, ______, ______, ______

20 000, 40 000, 60 000, ______, ______, ______, ______, ______

720 000, 660 000, 600 000, ______, ______, ______, ______, ______

600 500, 601 000, 601 500, ______, ______, ______, ______, ______

801 200, 800 950, 800 700, ______, ______, ______, ______, ______

6 000, 12 000, 24 000, ______, ______, ______, ______, ______

1 024 000, 512 000, 256 000, ______, ______, ______, ______, ______

Lösungen:

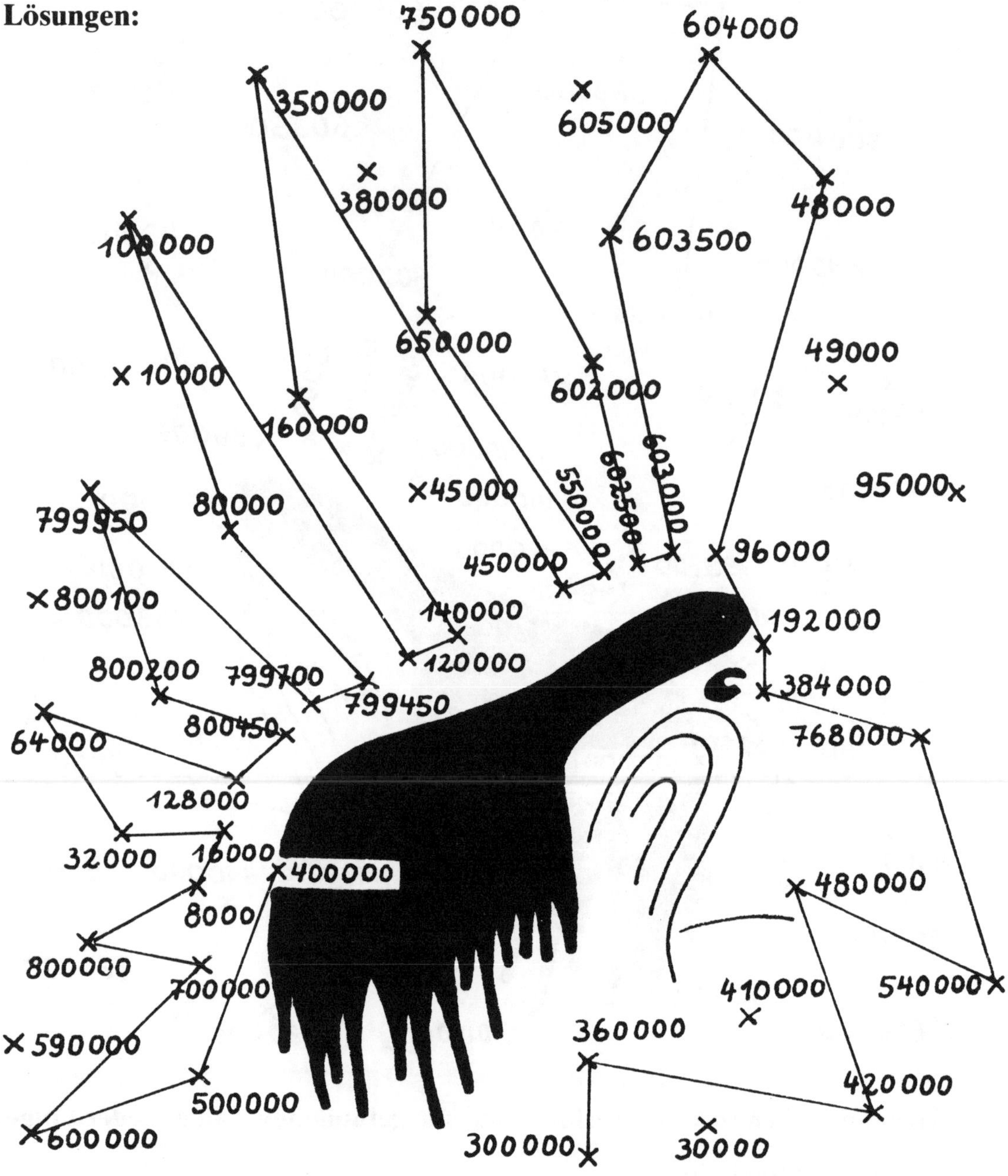

100 000,	200 000,	300 000,	400 000	500 000	600 000	700 000	800 000
50 000,	150 000,	250 000,	350 000	450 000	550 000	650 000	750 000
20 000,	40 000,	60 000,	80 000	100 000	120 000	140 000	160 000
720 000,	660 000,	600 000,	540 000	480 000	420 000	360 000	300 000
600 500,	601 000,	601 500,	602 000	602 500	603 000	603 500	604 000
801 200,	800 950,	800 700,	800 450	800 200	799 950	799 700	799 450
6 000,	12 000,	24 000,	48 000	96 000	192 000	384 000	768 000
1 024 000,	512 000,	256 000,	128 000	64 000	32 000	16 000	8 000

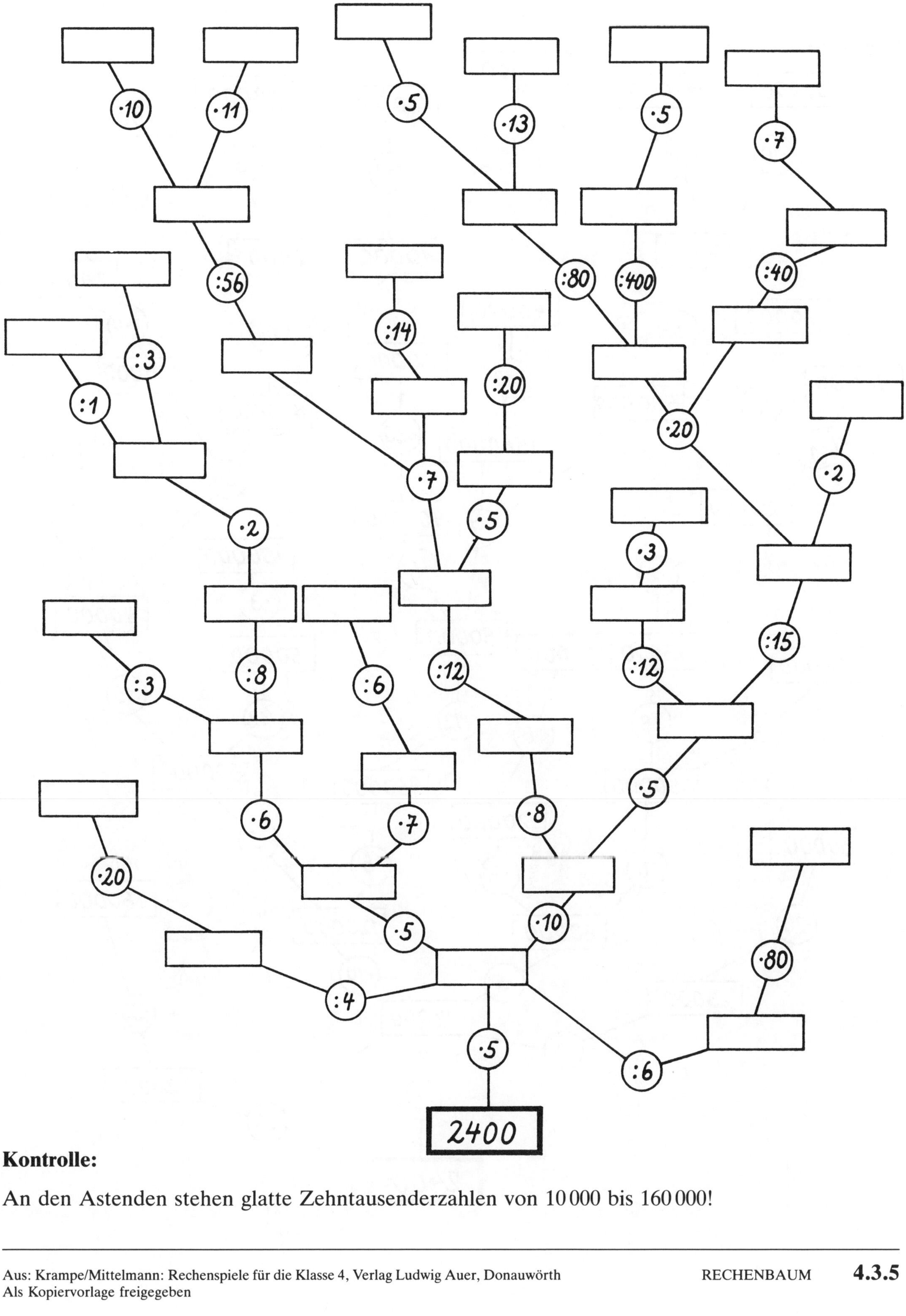

Kontrolle:

An den Astenden stehen glatte Zehntausenderzahlen von 10 000 bis 160 000!

Lösungen:

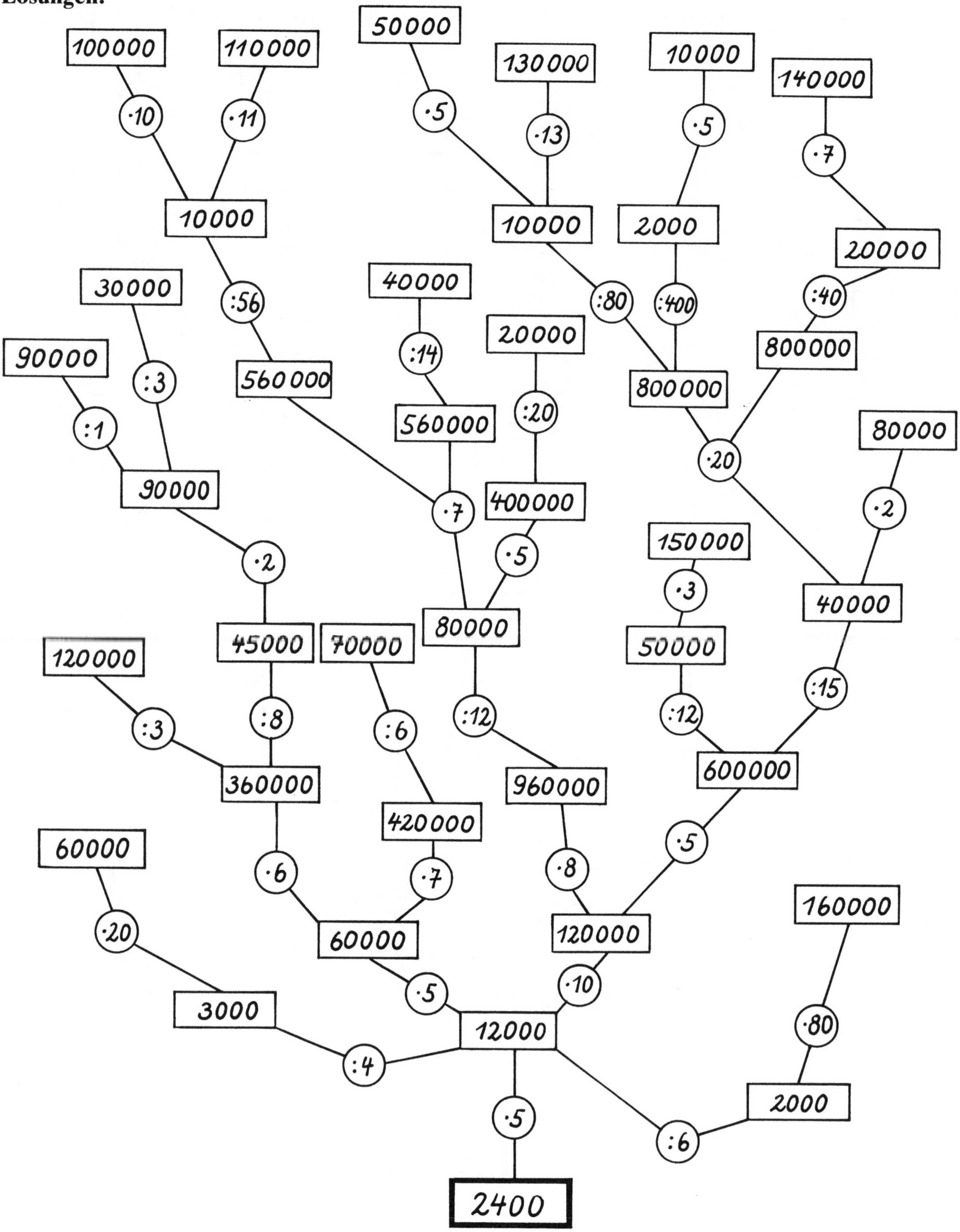
100000
110000
50000
130000
10000
140000
·10
·11
·5
·13
·5
·7
10000
10000
2000
20000
30000
:56
40000
:80
:400
:40
90000
:3
560000
:14
20000
800000
800000
:1
560000
:20
·20
80000
90000
·7
400000
·2
150000
·5
·3
40000
80000
120000
45000
70000
50000
:3
:8
:6
:12
:12
:15
360000
960000
600000
420000
60000
·6
·7
·8
·5
160000
·20
60000
120000
·5
·10
3000
12000
·80
:4
2000
·5
:6
2400

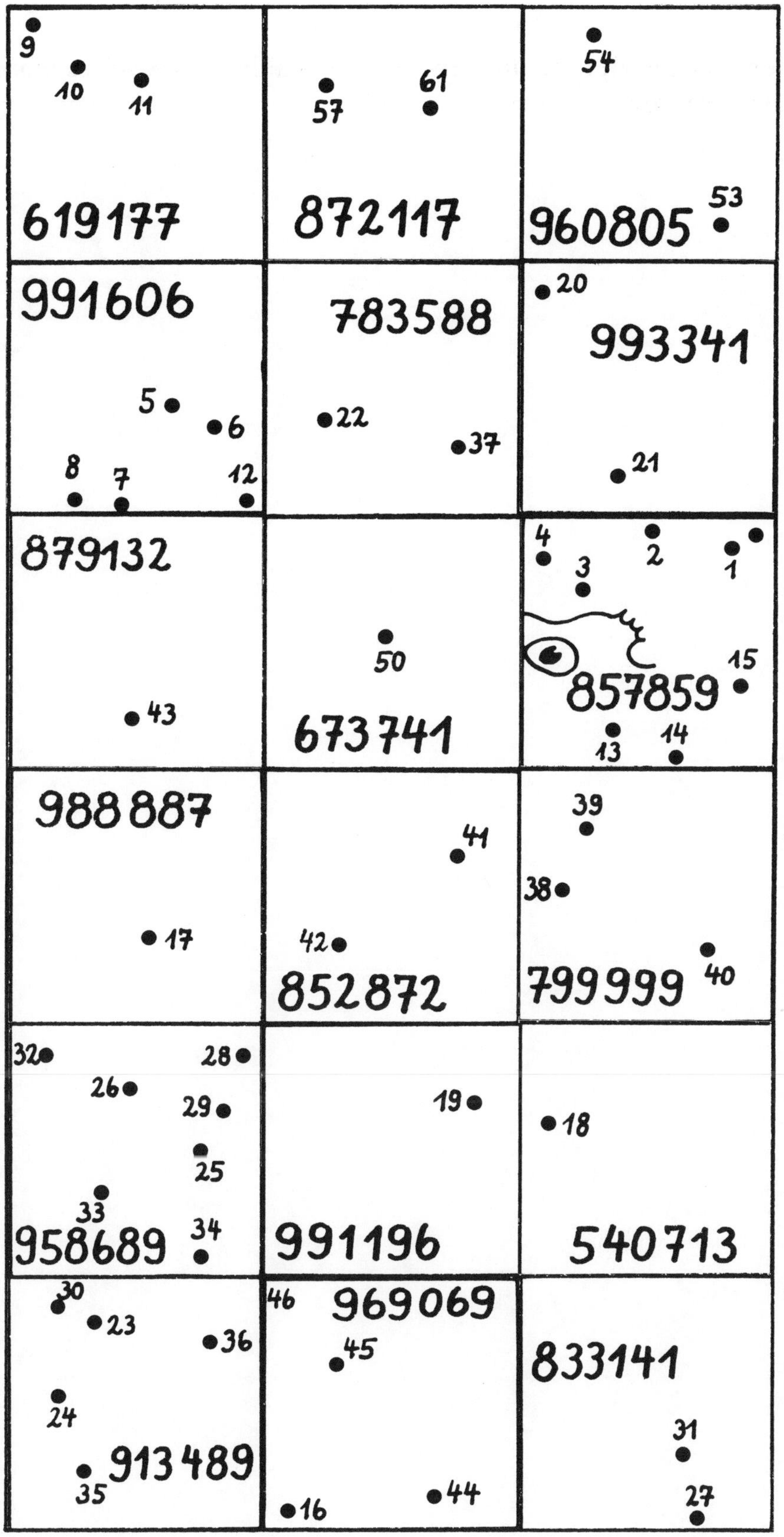
9
10
11
619177
61
57
872117
54
53
960805
991606
5
6
8
7
12
783588
22
37
20
993341
21
879132
43
50
673741
4
2
3
1
15
857859
13
14
988887
17
41
42
852872
39
38
40
799999
32
28
26
29
25
33
34
958689
19
991196
18
540713
30
23
36
24
913489
35
46
969069
45
16
44
833141
31
27

Spielregel:

Nach dem Aufkleben der Puzzleteile müssen die den Zahlen 1 bis 46 zugeordneten Punkte der Reihe nach verbunden werden.

Hinweis:

Das Spiel besteht aus den beiden Blättern mit den Nummern 4.3.7.3a und 4.3.7.3b

88964 9703 +892939	787054 55976 + 14829	188425 712939 + 67705
4916 180679 +433582	231504 14022 +743361	622851 193954 + 62327
6721 881418 + 72666	45118 92310 +403285	185433 203857 +463582
899621 79385 + 12190	52836 914228 + 26277	18159 770610 + 11230
818356 22754 + 31007	787730 40923 + 4488	651604 18776 + 113208
27130 644999 + 1612	23254 923312 + 12123	799125 43510 + 70854

Lösungen:

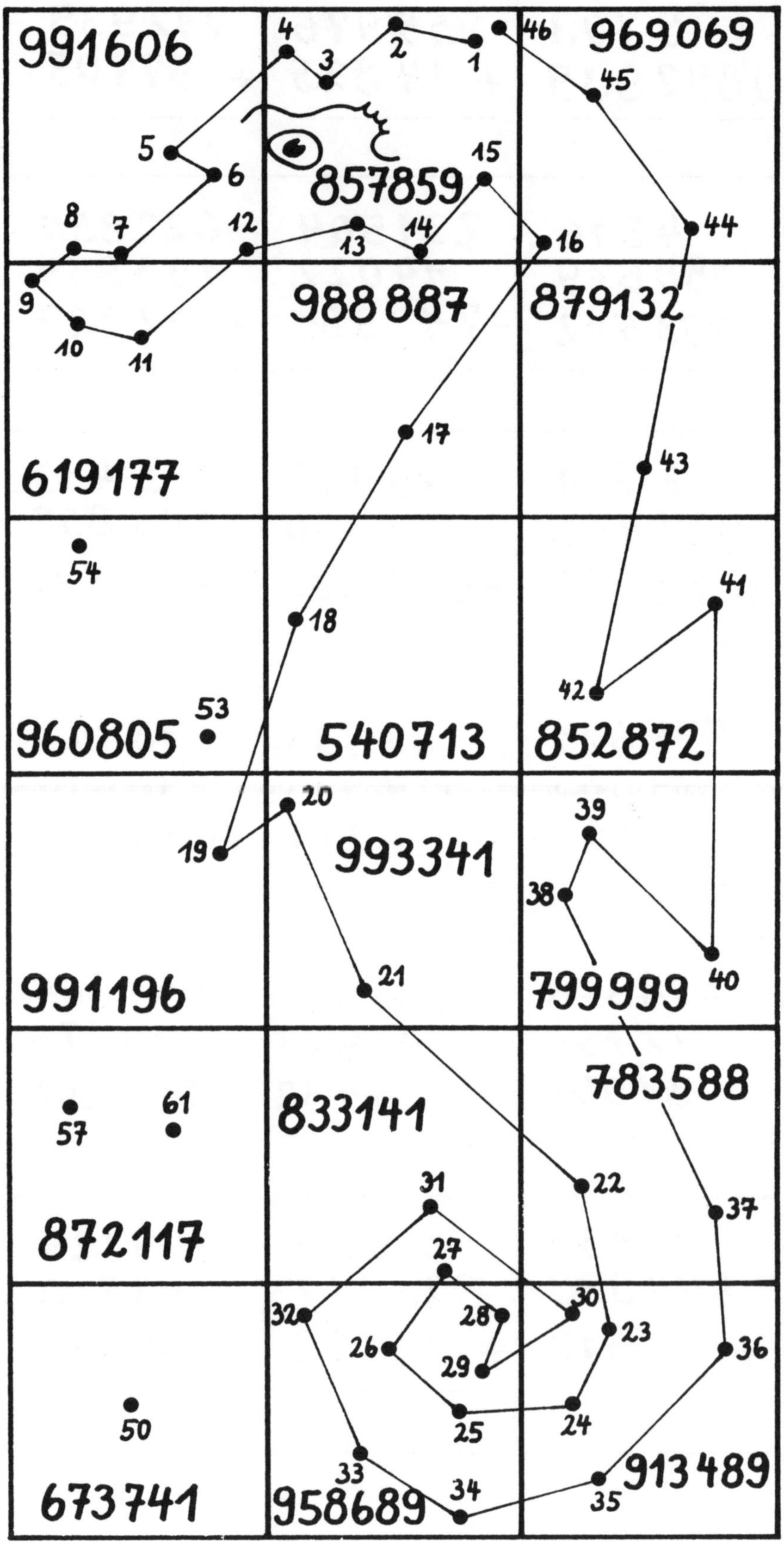
991606
857859
969069
619177
988887
879132
960805
540713
852872
991196
993341
799999
872117
833141
783588
673741
958689
913489

was der- **89 292** ir-	Schmet- blau- **98 939** log	schon geit. **90 880** teid.	schon da **88 941** ter-
te, zu **100 099** war	war pu- **59 941** men,	feit Mir **98 999**	gend- Und **82 069** merk-
Dräht- ein **89 816** als	ling Blü- **68 940** die	Er Com- **83 369** nom-	chen, Räd- **87 139** man
Ein mit **78 981** geln	da spät- **77 009** der	wort, lut **99 922**	ei- ter **70 898** dem
ter- en **85 979** durch	ein- kom- **68 470** ein	ir- chen. **96 709** es	war's chen, **79 293** Met-
war an- **89 379** men,	Fluft nem **70 919** ent-	schling wanz **91 189** er	durch- ge- **81 682** gend-

46 245 **+ 32 736**	**76 758** **+ 22 181**	**28 735** **+ 57 244**	**42 283** **+ 26 657**
25 784 **+ 45 135**	**55 937** **+ 27 432**	**35 699** **+ 24 242**	**35 486** **+ 35 412**
37 692 **+ 51 687**	**63 728** **+ 25 564**	**44 347** **+ 37 335**	**52 746** **+ 15 724**
76 579 **+ 13 237**	**14 395** **+ 72 744**	**81 921** **+ 14 788**	**26 435** **+ 55 634**
82 731 **+ 17 368**	**54 387** **+ 22 622**	**57 856** **+ 21 437**	**74 893** **+ 14 048**
54 578 **+ 36 611**	**74 753** **+ 16 127**	**64 887** **+ 34 112**	**82 376** **+ 17 546**

Lösungen:

Ein mit **78 981** geln	Schmet- blau- **98 939** log	ter- en **85 979** durch	ling Blü- **68 940** die
Fluft. nem **70 919** ent-	Er Com- **83 369** nom-	war pu- **59 941** men,	ei- ter **70 898** dem
war an- **89 379** men,	was der- **89 292** ir-	durch- ge- **81 682** gend-	ein- kom- **68 470** ein
Dräht- ein **89 816** als	chen, Räd- **87 139** man	ir- chen. **96 709** es	gend- Und **82 069** merk-
te, zu **100 099** war	da spät- **77 009** der	war's chen, **79 293** Met-	schon da **88 941** ter-
schling wanz **91 189** er	schon geit. **90 880** teid.	feit Mir **98 999**	wort, lut **99 922**

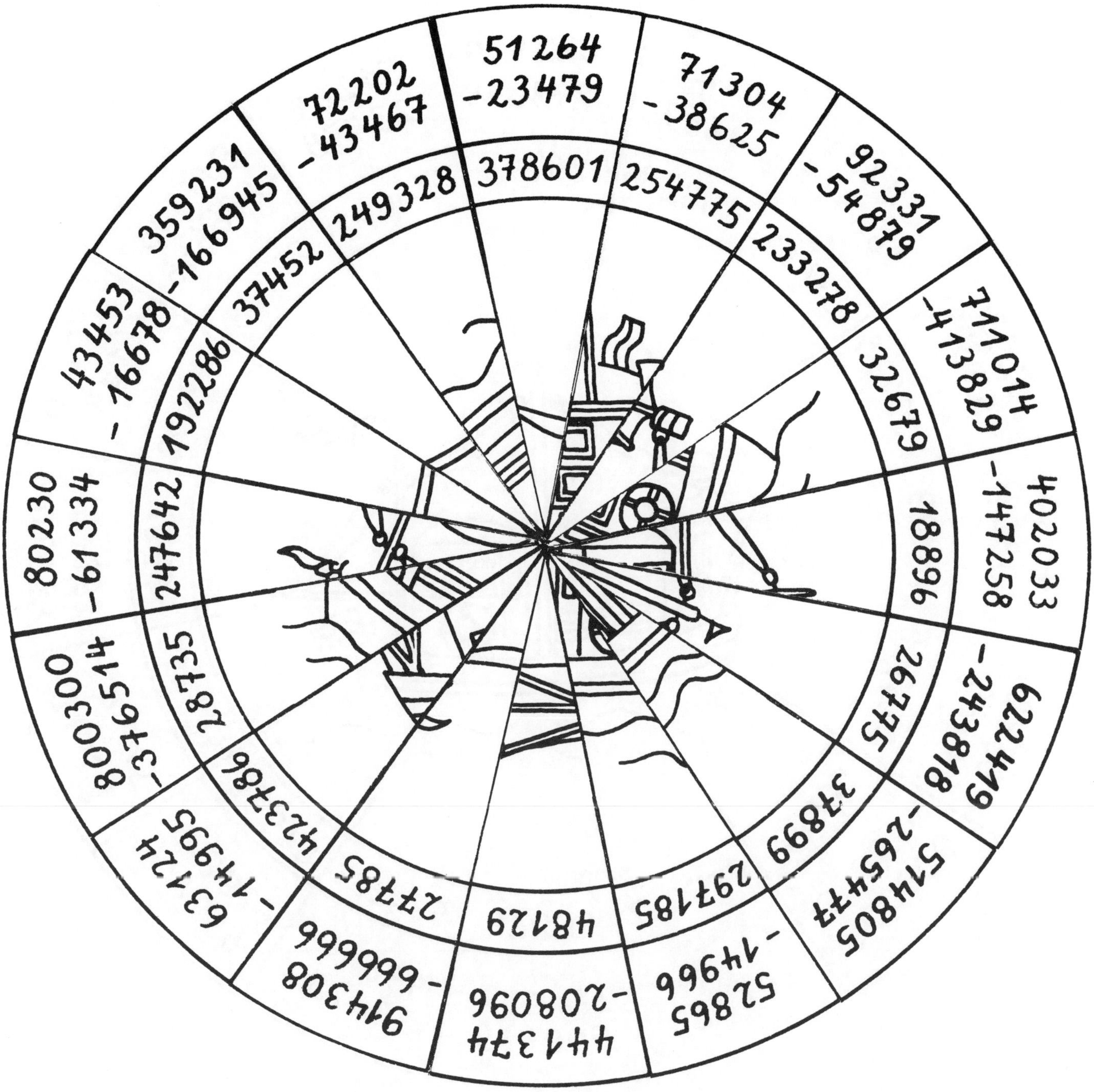
51264
-23479
71304
-38625
92331
-54879
711014
-413829
4020033
-1472258
622419
-243818
514805
-265477
52865
-14966
441374
-208096
914308
-666666
63124
-14995
800300
-376514
80230
-61334
43453
-16678
359231
-166945
72202
-43467
378601
254775
233278
32679
188896
26775
37899
297185
48129
27785
423786
28735
247642
192286
37452
249328

Lösungen:

622419
-243818
26775
51264
-23479
378601
914308
-666666
27785
80230
-61334
247642
4020033
-1472258
188996
43453
-16678
192286
3592231
-166945
37452
92331
-54879
233278
4413374
-2080096
48129

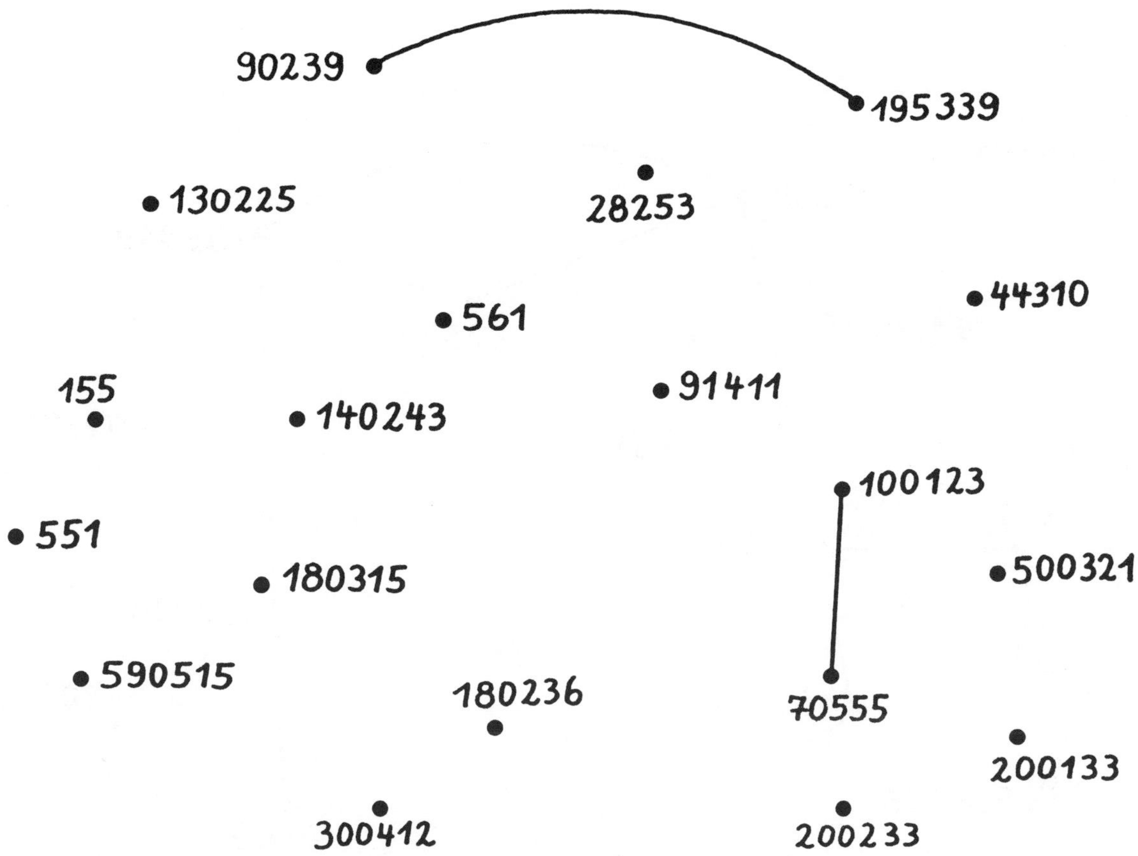

398 622 – 258 379	876 248 – 786 009	943 896 – 915 643	924 487 – 729 148
340 001 – 239 878	738 500 – 238 179	678 071 – 477 938	341 191 – 140 958
655 108 – 354 696	878 385 – 287 870	420 000 – 419 449	137 143 – 136 988
832 617 – 692 374	645 101 – 464 786	573 311 – 393 075	351 402 – 280 847

Lösungen:

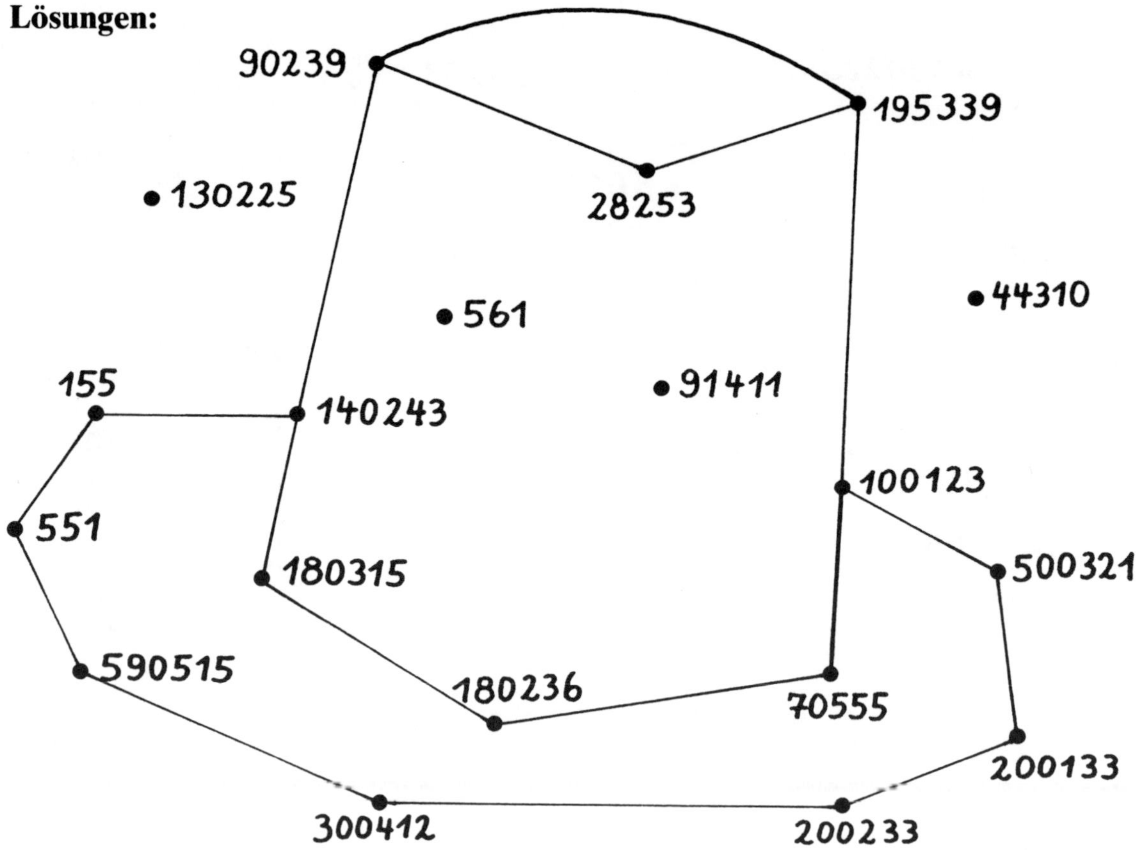

398 622	876 248	943 896	924 487
– 258 379	– 786 009	– 915 643	– 729 148
140 243	90 239	28 253	195 339
340 001	738 500	678 071	341 191
– 239 878	– 238 179	– 477 938	– 140 958
100 123	500 321	200 133	200 233
655 108	878 385	.420 000	137 143
– 354 696	– 287 870	– 419 449	– 136 988
300 412	590 515	551	155
832 617	645 101	573 311	351 402
– 692 374	– 464 786	– 393 075	– 280 847
140 243	180 315	180 236	70 555

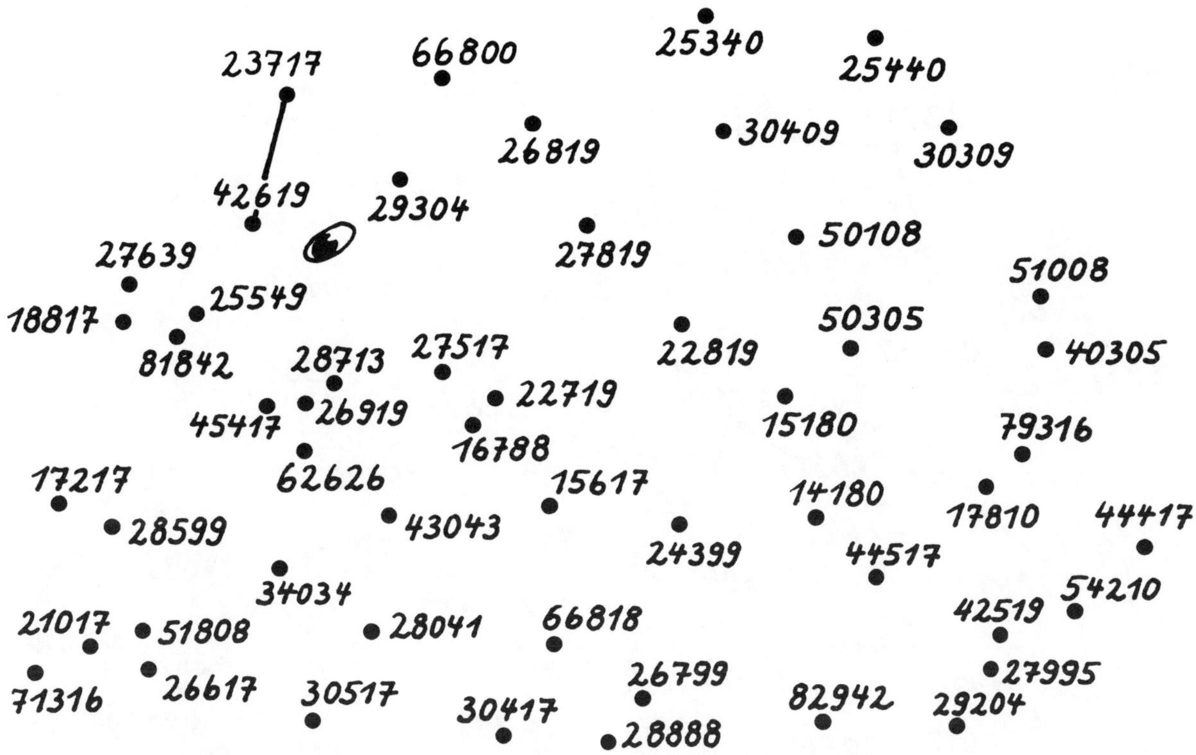

39 036 − 15 319 = _____	43 172 − _____ = 28 992	_____ + 37 374 = 100 000
91 714 − 24 914 = _____	30 119 − _____ = 5 720	_____ + 71 287 = 100 000
41 013 − 15 673 = _____	41 509 − _____ = 14 710	_____ + 81 183 = 100 000
72 789 − 42 480 = _____	63 726 − _____ = 34 838	_____ + 73 081 = 100 000
85 425 − 34 417 = _____	34 196 − _____ = 3 779	_____ + 54 583 = 100 000
61 455 − 17 038 = _____	97 849 − _____ = 31 031	_____ + 71 401 = 100 000
72 346 − 32 041 = _____	67 245 − _____ = 51 628	_____ + 78 983 = 100 000
91 744 − 12 428 = _____	82 822 − _____ = 54 781	_____ + 48 192 = 100 000
96 000 − 41 790 = _____	66 476 − _____ = 32 442	_____ + 73 383 = 100 000
59 327 − 16 808 = _____	61 771 − _____ = 18 728	_____ + 28 684 = 100 000
56 315 − 38 505 = _____	42 718 − _____ = 19 999	_____ + 82 783 = 100 000
55 990 − 27 995 = _____	51 136 − _____ = 24 317	_____ + 18 158 = 100 000
59 707 − 30 503 = _____	33 842 − _____ = 4 538	_____ + 72 361 = 100 000
97 237 − 14 295 = _____	33 675 − _____ = 16 887	_____ + 74 451 = 100 000
68 233 − 23 716 = _____	43 576 − _____ = 16 059	_____ + 57 381 = 100 000

Lösungen:

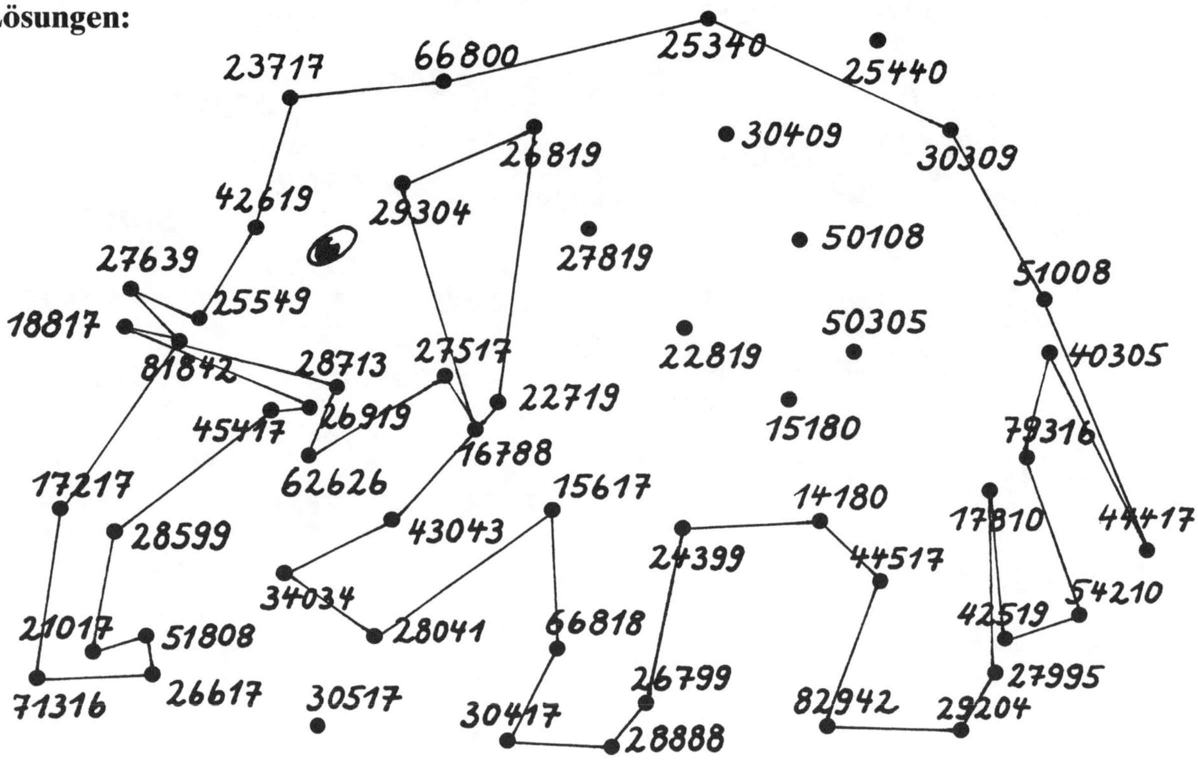

39 036 − 15 319 = 23 717	43 172 − 14 180 = 28 992	62 626 + 37 374 = 100 000
91 714 − 24 914 = 66 800	30 119 − 24 399 = 5 720	28 713 + 71 287 = 100 000
41 013 − 15 673 = 25 340	41 509 − 26 799 = 14 710	18 817 + 81 183 = 100 000
72 789 − 42 480 = 30 309	63 726 − 28 888 = 34 838	26 919 + 73 081 = 100 000
85 425 − 34 417 = 51 008	34 196 − 30 417 = 3 779	45 417 + 54 583 = 100 000
61 455 − 17 038 = 44 417	97 849 − 66 818 = 31 031	28 599 + 71 401 = 100 000
72 346 − 32 041 = 40 305	67 245 − 15 617 = 51 628	21 017 + 78 983 = 100 000
91 744 − 12 428 = 79 316	82 822 − 28 041 = 54 781	51 808 + 48 192 = 100 000
96 000 − 41 790 = 54 210	66 476 − 34 034 = 32 442	26 617 + 73 383 = 100 000
59 327 − 16 808 = 42 519	61 771 − 43 043 = 18 728	71 316 + 28 684 = 100 000
56 315 − 38 505 = 17 810	42 718 − 22 719 = 19 999	17 217 + 82 783 = 100 000
55 990 − 27 995 = 27 995	51 136 − 26 819 = 24 317	81 842 + 18 158 = 100 000
59 707 − 30 503 = 29 204	33 842 − 29 304 = 4 538	27 639 + 72 361 = 100 000
97 237 − 14 295 = 82 942	33 675 − 16 788 = 16 887	25 549 + 74 451 = 100 000
68 233 − 23 716 = 44 517	43 576 − 27 517 = 16 059	42 619 + 57 381 = 100 000

Hinweis: Gruppenarbeit empfohlen!

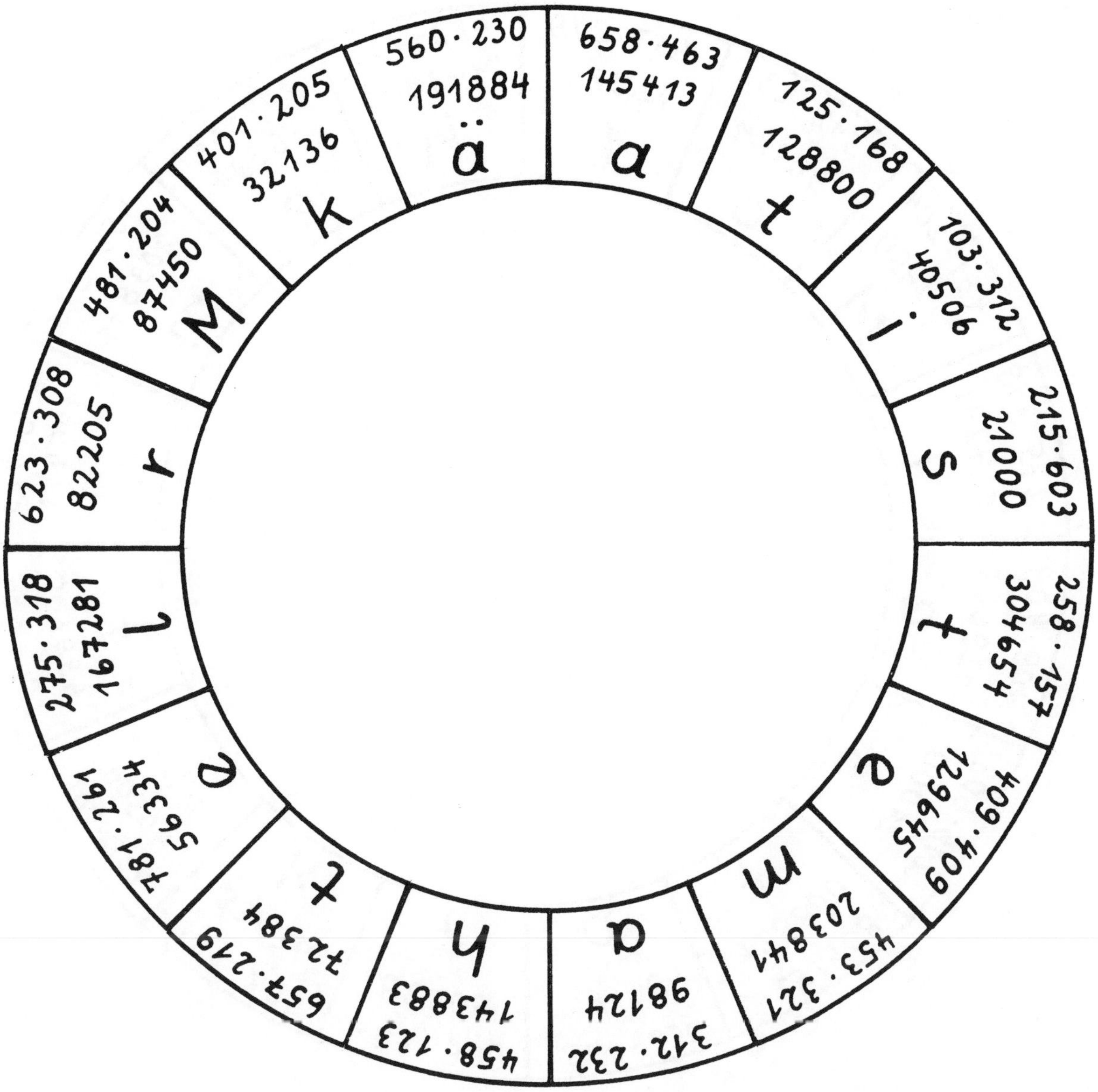
560 · 230
191884
ä
658 · 463
145413
a
125 · 168
128800
t
103 · 312
40506
i
215 · 603
21000
s
258 · 157
304654
t
409 · 409
129645
e
453 · 321
203841
m
312 · 232
98124
a
458 · 123
143883
h
657 · 219
72384
t
781 · 261
56334
e
275 · 318
167281
l
623 · 308
82205
r
481 · 204
87450
M
401 · 205
32136
K

Lösungen:

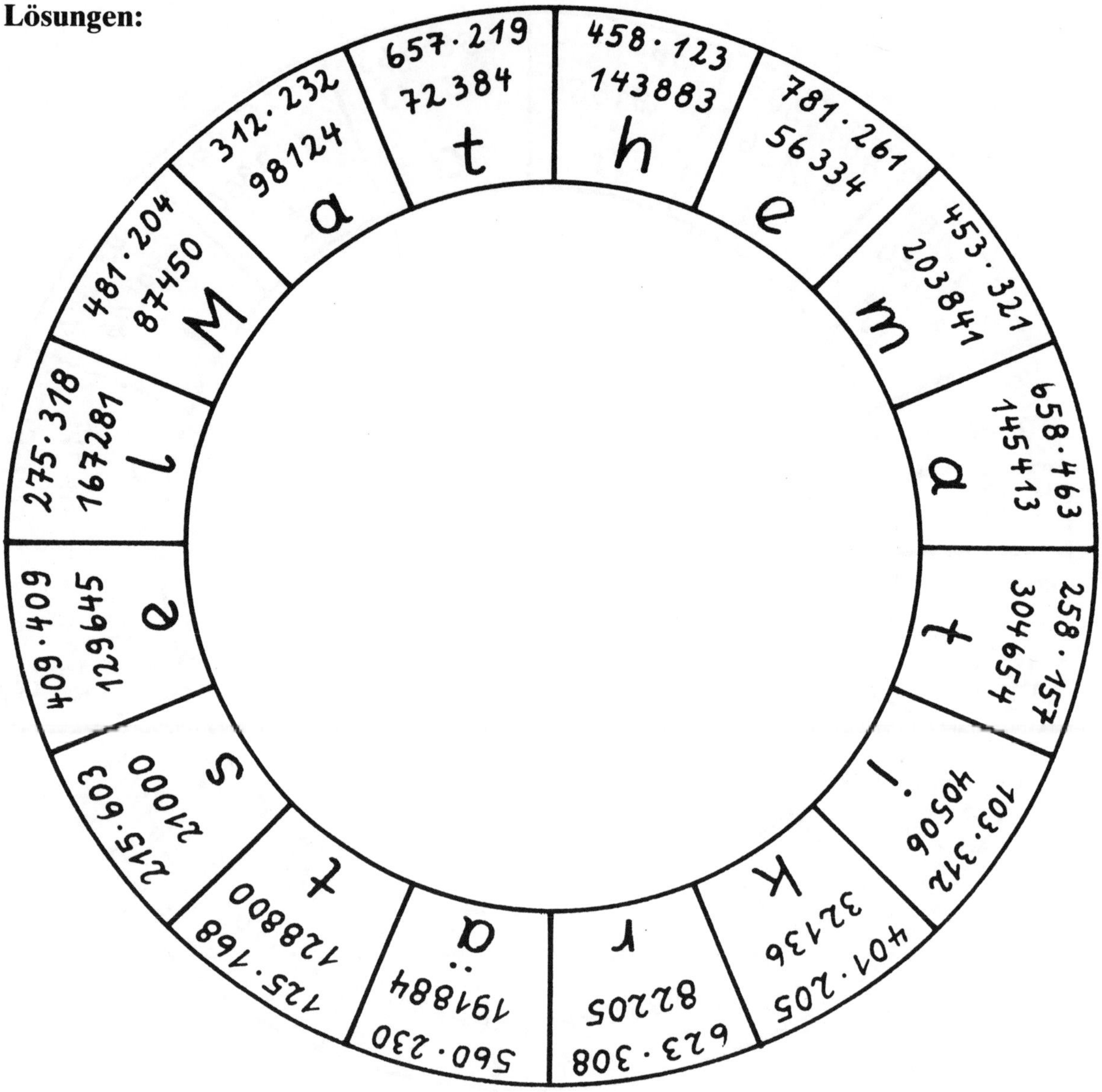

481·204
87450
M
312·232
98124
a
657·219
72384
t
458·123
143883
h
781·261
56334
e
453·321
203841
m
658·463
145413
a
258·157
304654
t
103·312
40506
!
401·205
32136
k
623·308
82205
r
560·230
191884
ä
125·168
128800
t
215·603
21000
s
409·409
129645
e
275·318
167281
l

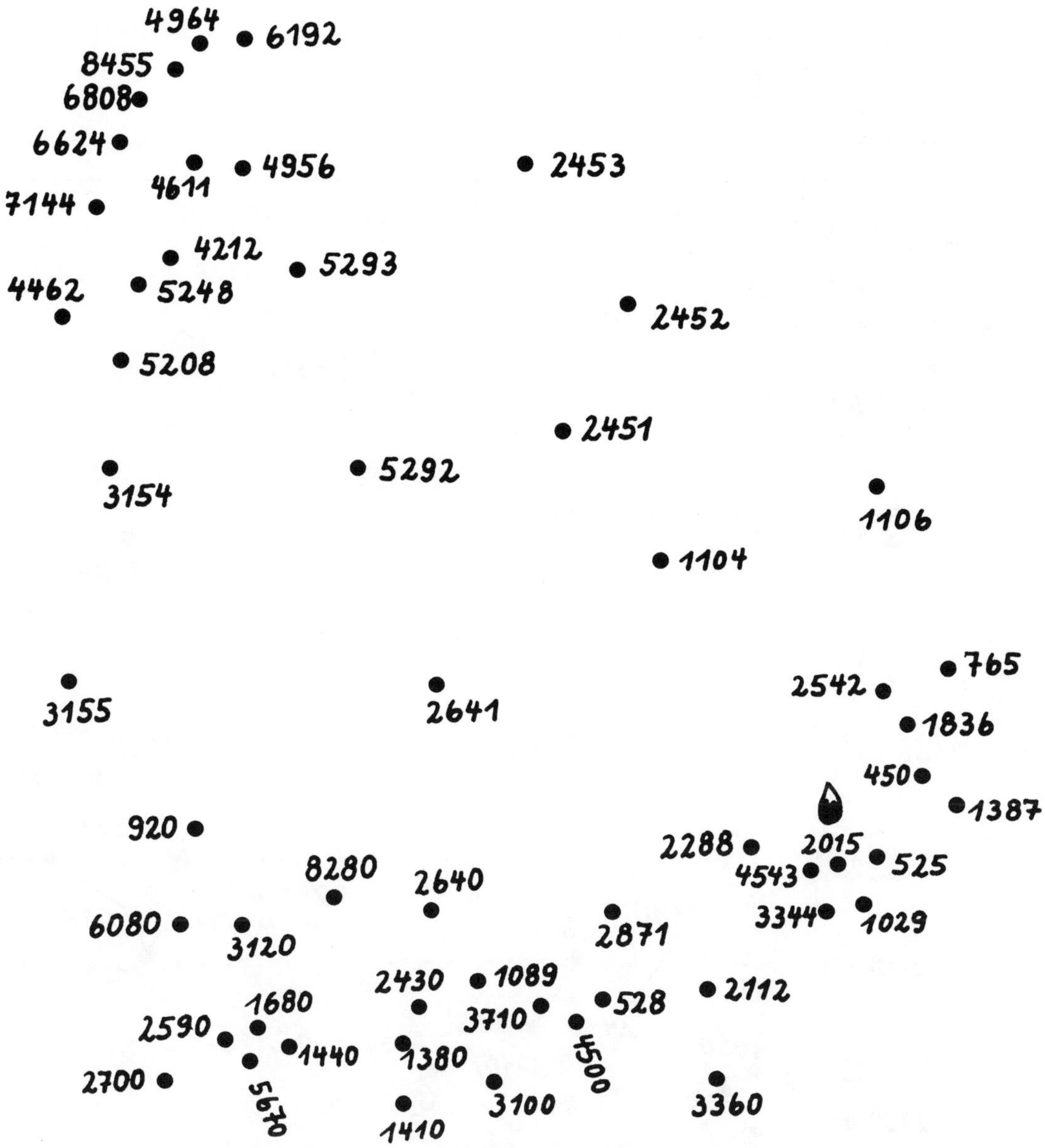

23 · 40 =	24 · 22 =	24 · 46 =
76 · 80 =	32 · 66 =	43 · 57 =
37 · 70 =	33 · 33 =	79 · 67 =
54 · 50 =	48 · 55 =	72 · 86 =
63 · 90 =	29 · 99 =	84 · 59 =
47 · 30 =	52 · 44 =	73 · 68 =
72 · 20 =	59 · 77 =	53 · 87 =
23 · 60 =	38 · 88 =	89 · 95 =
20 · 84 =	65 · 31 =	78 · 54 =
40 · 78 =	49 · 21 =	92 · 74 =
90 · 92 =	35 · 15 =	64 · 82 =
30 · 81 =	73 · 19 =	96 · 69 =
70 · 53 =	45 · 17 =	76 · 94 =
50 · 62 =	62 · 41 =	93 · 56 =
60 · 75 =	25 · 18 =	46 · 97 =
80 · 42 =	36 · 51 =	46 · 20 =

Lösungen:

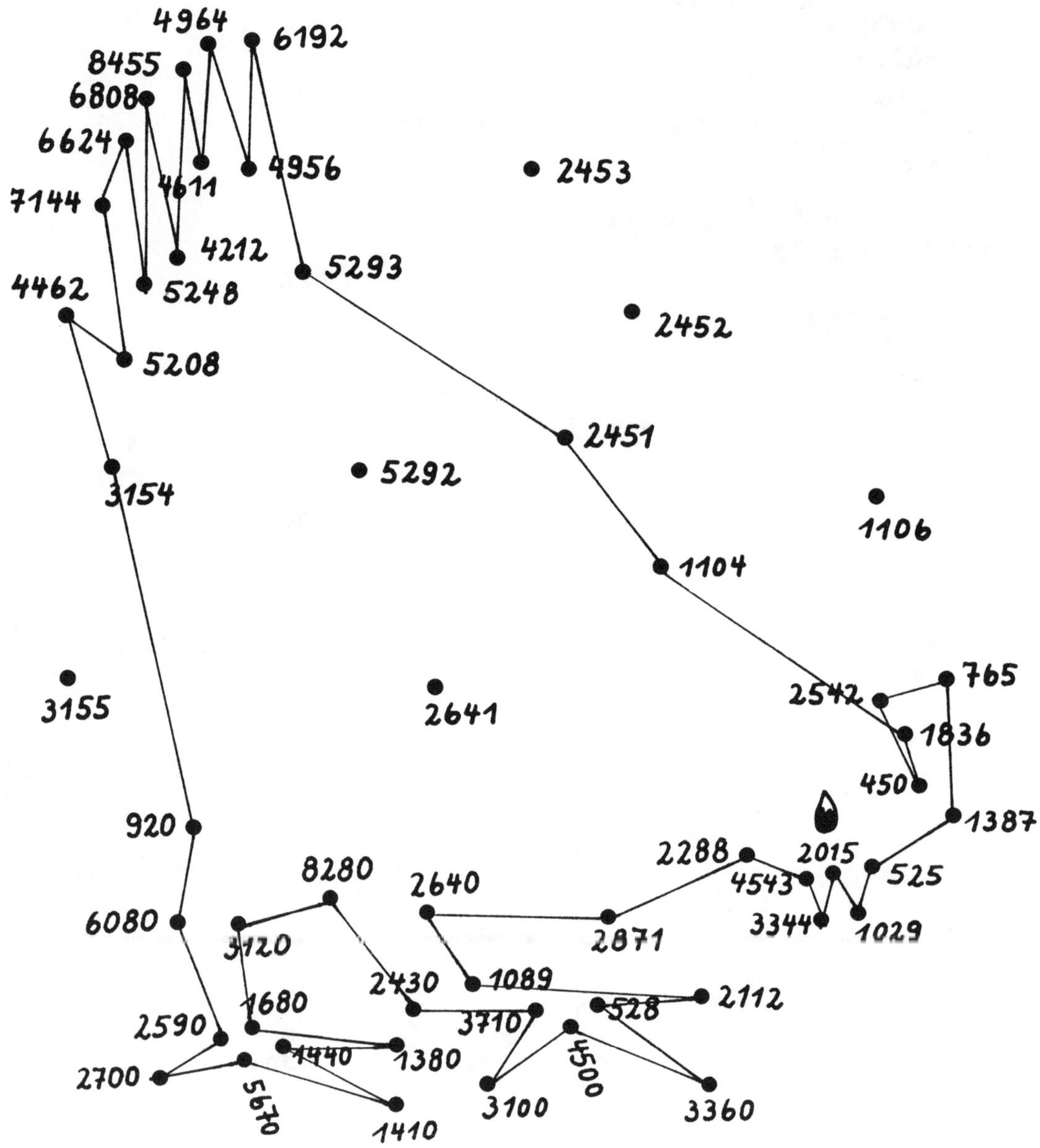

23 · 40 = 920	24 · 22 = 528	24 · 46 = 1104
76 · 80 = 6080	32 · 66 = 2112	43 · 57 = 2451
37 · 70 = 2590	33 · 33 = 1089	79 · 67 = 5293
54 · 50 = 2700	48 · 55 = 2640	72 · 86 = 6192
63 · 90 = 5670	29 · 99 = 2871	84 · 59 = 4956
47 · 30 = 1410	52 · 44 = 2288	73 · 68 = 4964
72 · 20 = 1440	59 · 77 = 4543	53 · 87 = 4611
23 · 60 = 1380	38 · 88 = 3344	89 · 95 = 8455
20 · 84 = 1680	65 · 31 = 2015	78 · 54 = 4212
40 · 78 = 3120	49 · 21 = 1029	92 · 74 = 6808
90 · 92 = 8280	35 · 15 = 525	64 · 82 = 5248
30 · 81 = 2430	73 · 19 = 1387	96 · 69 = 6624
70 · 53 = 3710	45 · 17 = 765	76 · 94 = 7144
50 · 62 = 3100	62 · 41 = 2542	93 · 56 = 5208
60 · 75 = 4500	25 · 18 = 450	46 · 97 = 4462
80 · 42 = 3360	36 · 51 = 1836	46 · 20 = 920

Hinweis: Gruppenarbeit empfohlen!

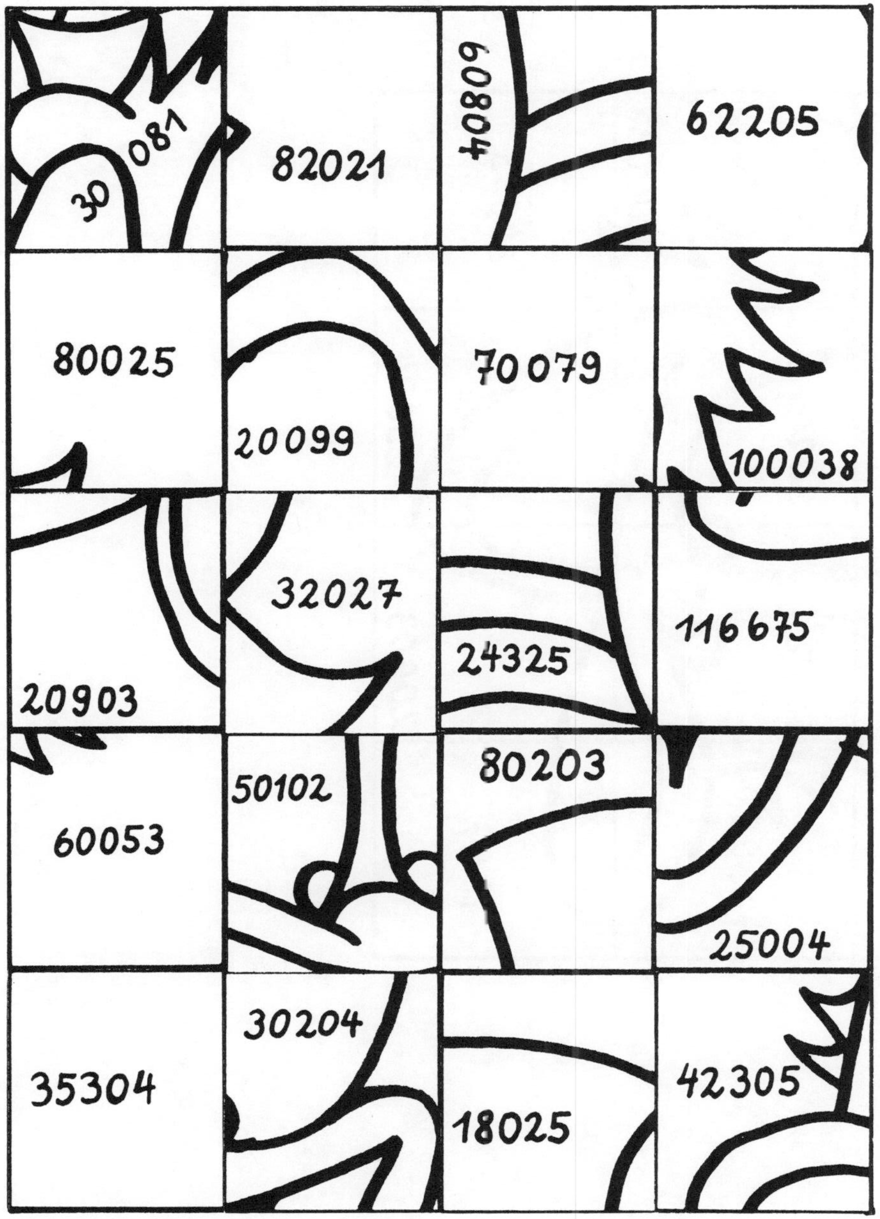

282432 : 8	320812 : 4	108 150 : 6	246 063 : 3
490553 : 7	182412 : 3	194600 : 8	320100 : 4
559845 : 9	210567 : 7	180891 : 9	256216 : 8
211525 : 5	250510 : 5	211 428 : 7	700266 : 7
700 050 : 6	188 127 : 9	125020 : 5	360318 : 6

Lösungen:

35304
80203
18025
82021
70079
60804
24325
80025
62205
30081
20099
32027
42305
50102
30204
100038
116675
20903
25004
60053

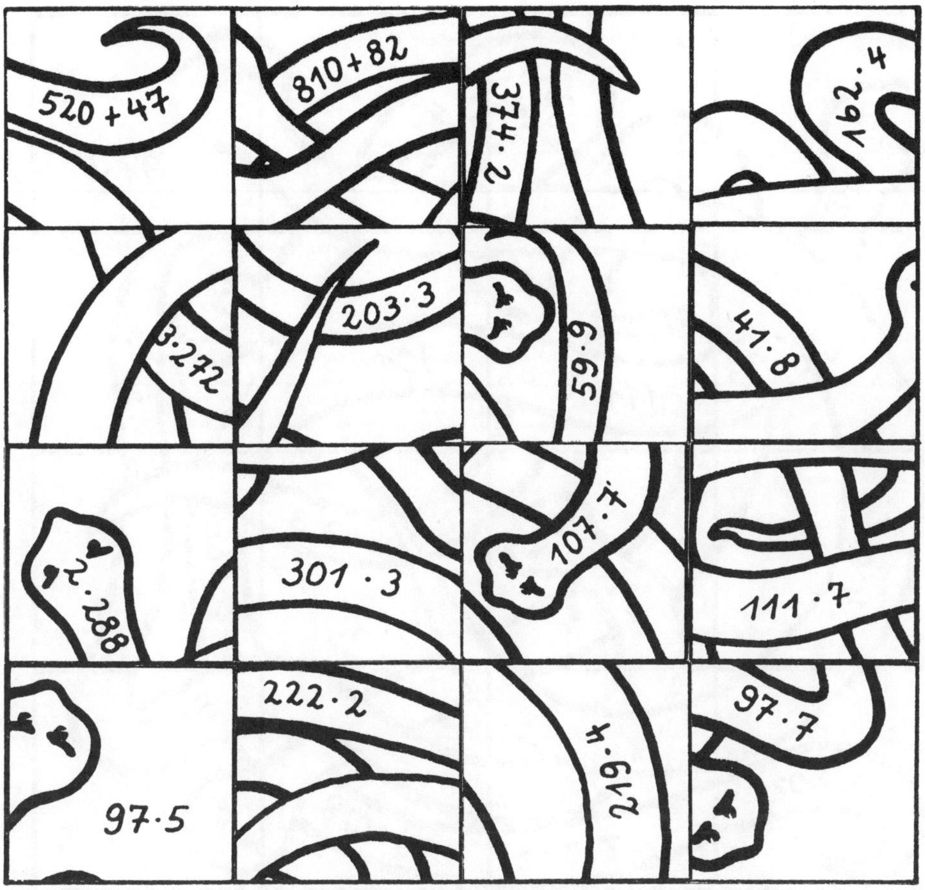

23040 : 40	45360 : 70	9840 : 30	19400 : 40
48960 : 60	15540 : 20	72240 : 80	37170 : 70
26280 : 30	29960 : 40	36540 : 60	29920 : 40
39690 : 70	39960 : 90	26760 : 30	40740 : 60

Lösungen:

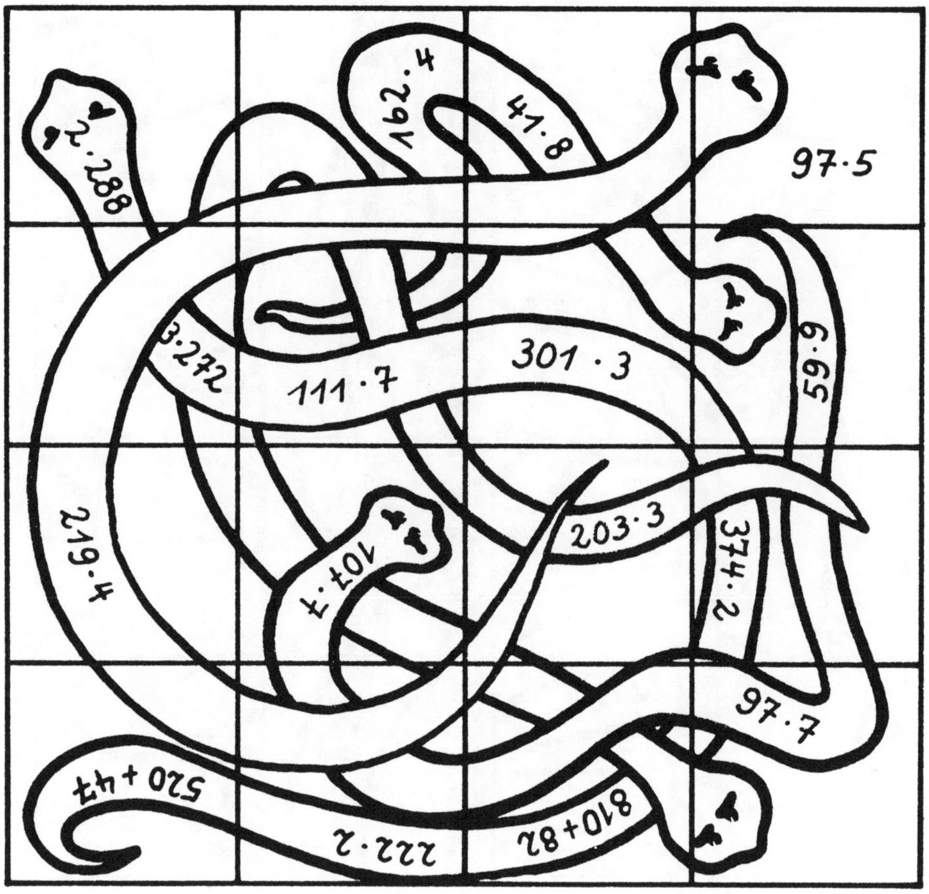

Hinweis:

Nach dem Rechnen und Auflegen der Puzzleteile muß jedes Teil durch Drehen auf richtige Passung überprüft werden.

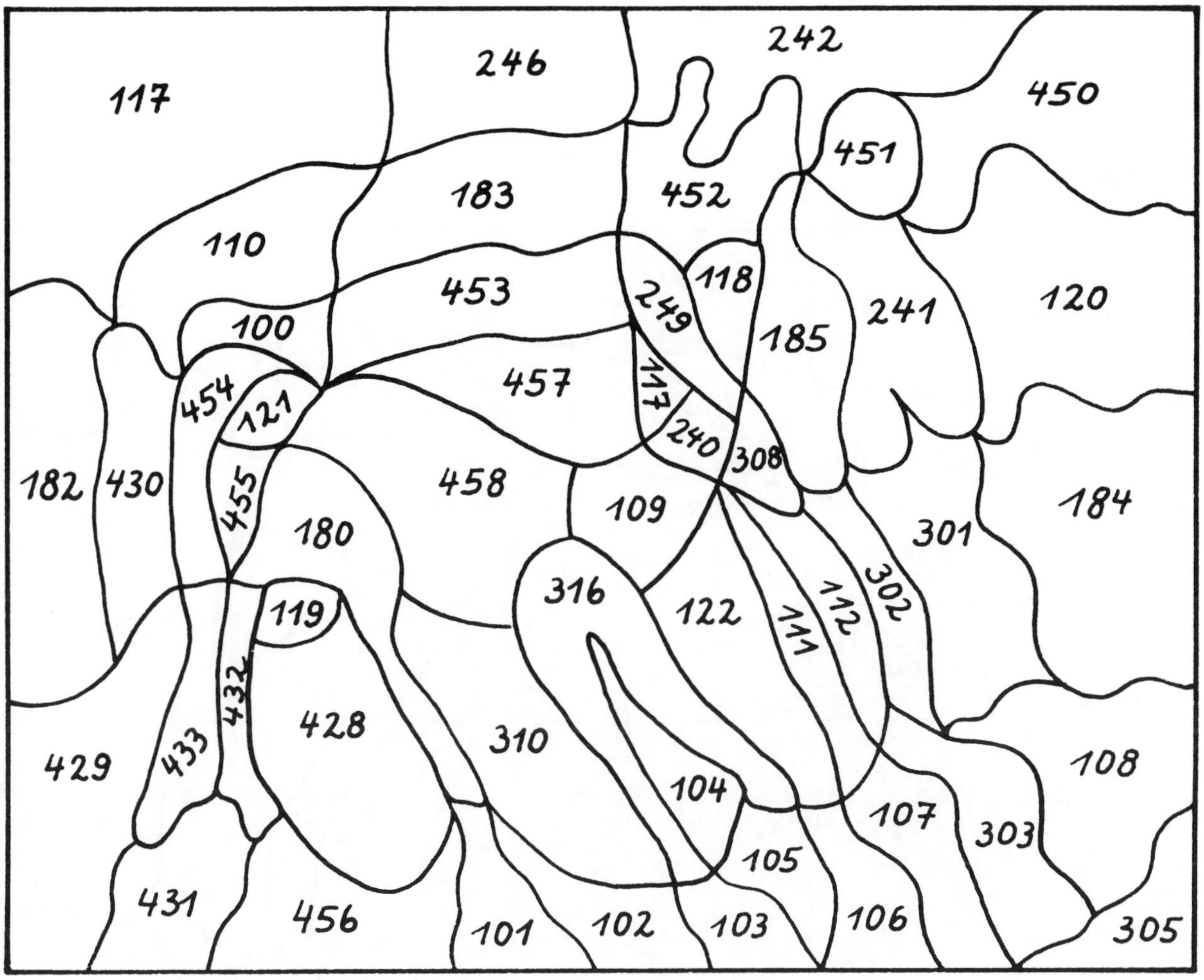

8208 : 19 = _____	9711 : 39 = _____
9796 : 31 = _____	9180 : 51 = _____
9065 : 49 = _____	8932 : 29 = _____
7521 : 69 = _____	9840 : 41 = _____
9618 : 21 = _____	7139 : 59 = _____
7198 : 61 = _____	8449 : 71 = _____

Aus: Krampe/Mittelmann: Rechenspiele für die Klasse 4, Verlag Ludwig Auer, Donauwörth
Als Kopiervorlage freigegeben

Lösungen:

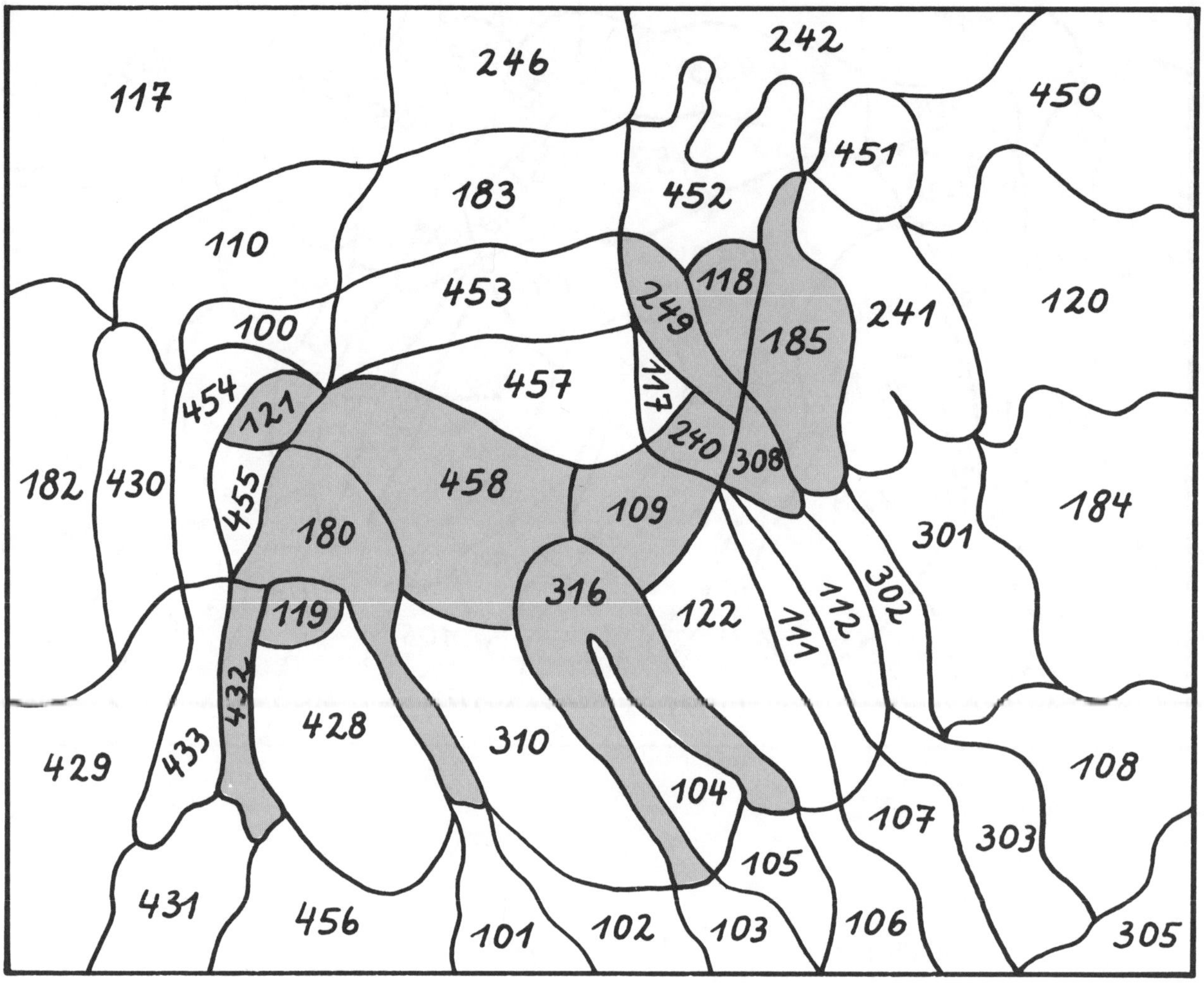

8208 : 19 = 432	9711 : 39 = 249
9796 : 31 = 316	9180 : 51 = 180
9065 : 49 = 185	8932 : 29 = 308
7521 : 69 = 109	9840 : 41 = 240
9618 : 21 = 458	7139 : 59 = 121
7198 : 61 = 118	8449 : 71 = 119

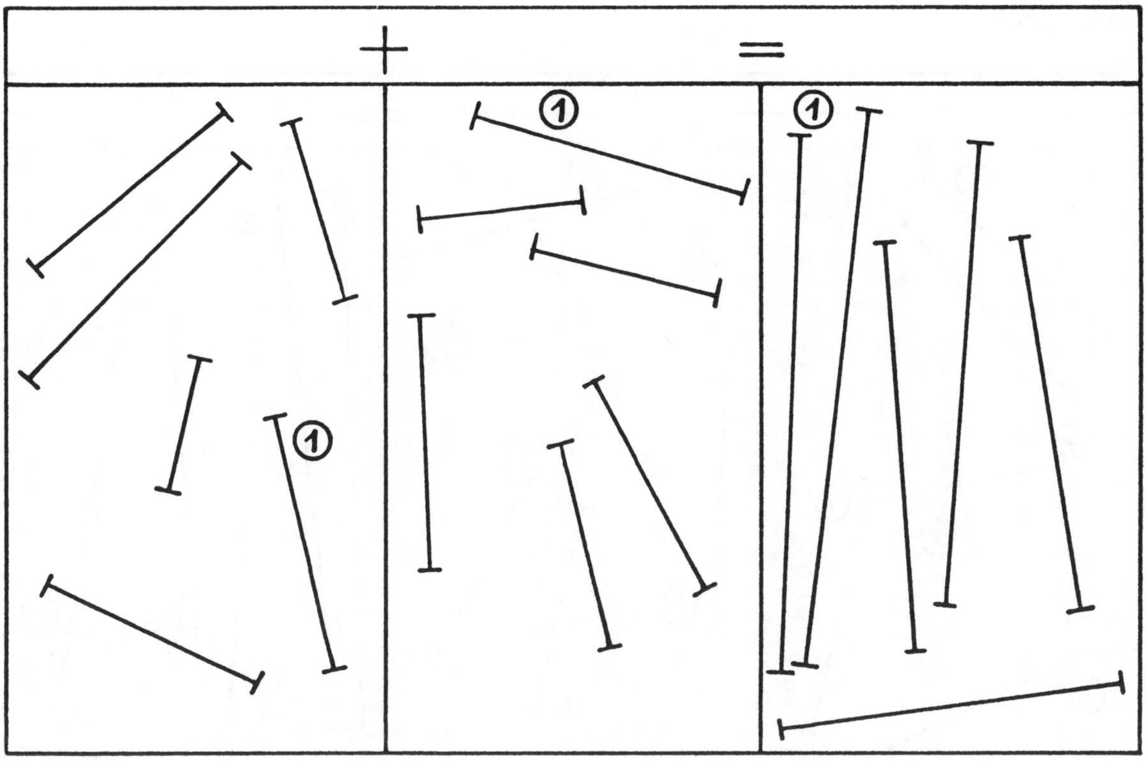

(1)

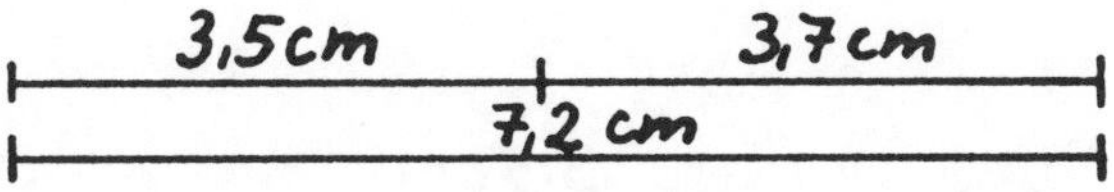

(2)

(3)

(4)

(5)

(6)

Lösungen:

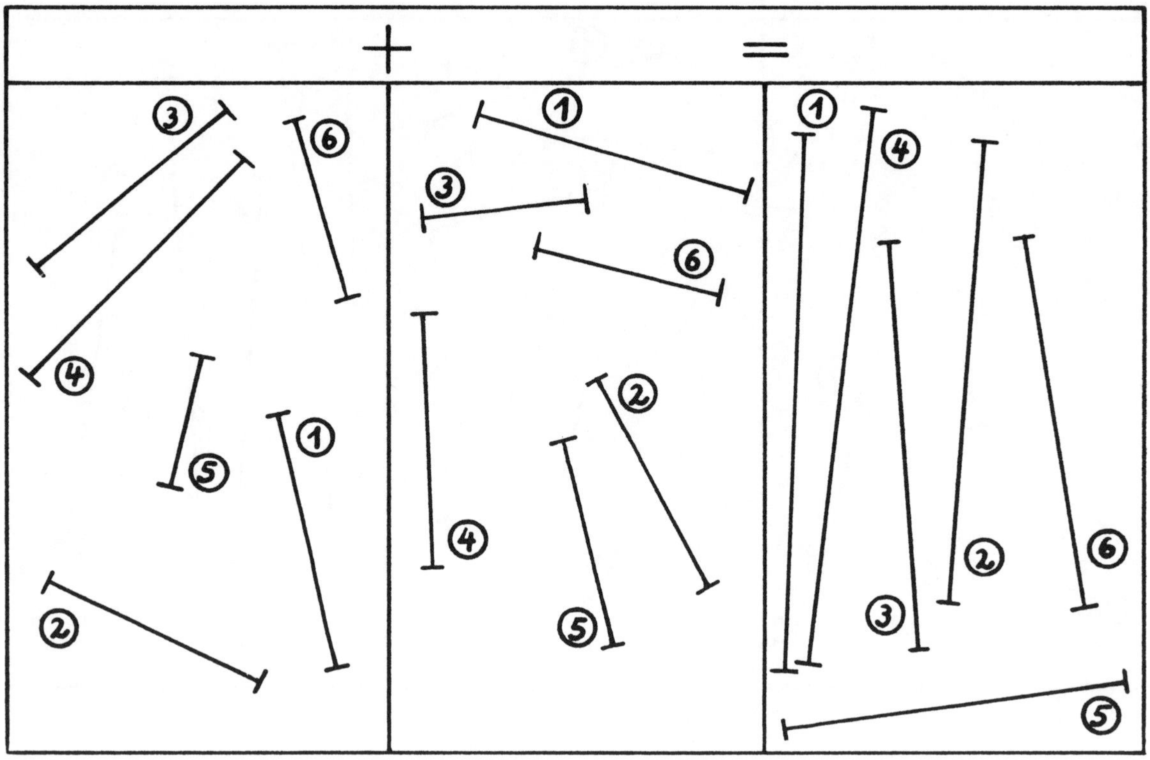
+
=
1
2
3
4
5
6

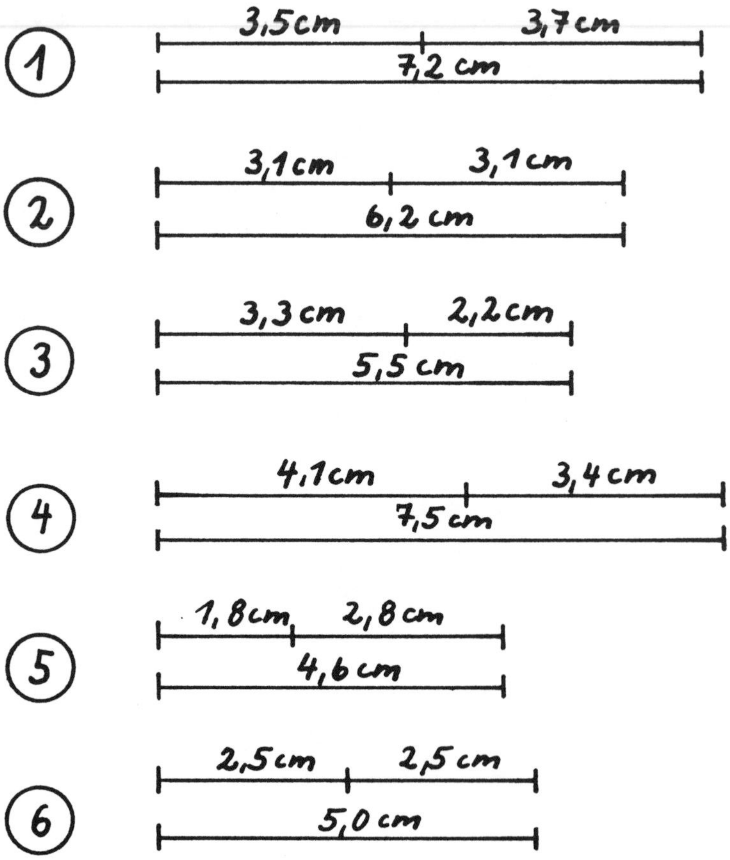
1
3,5cm
3,7cm
7,2 cm
2
3,1cm
3,1cm
6,2 cm
3
3,3cm
2,2cm
5,5 cm
4
4,1cm
3,4cm
7,5cm
5
1,8cm
2,8cm
4,6cm
6
2,5cm
2,5cm
5,0cm

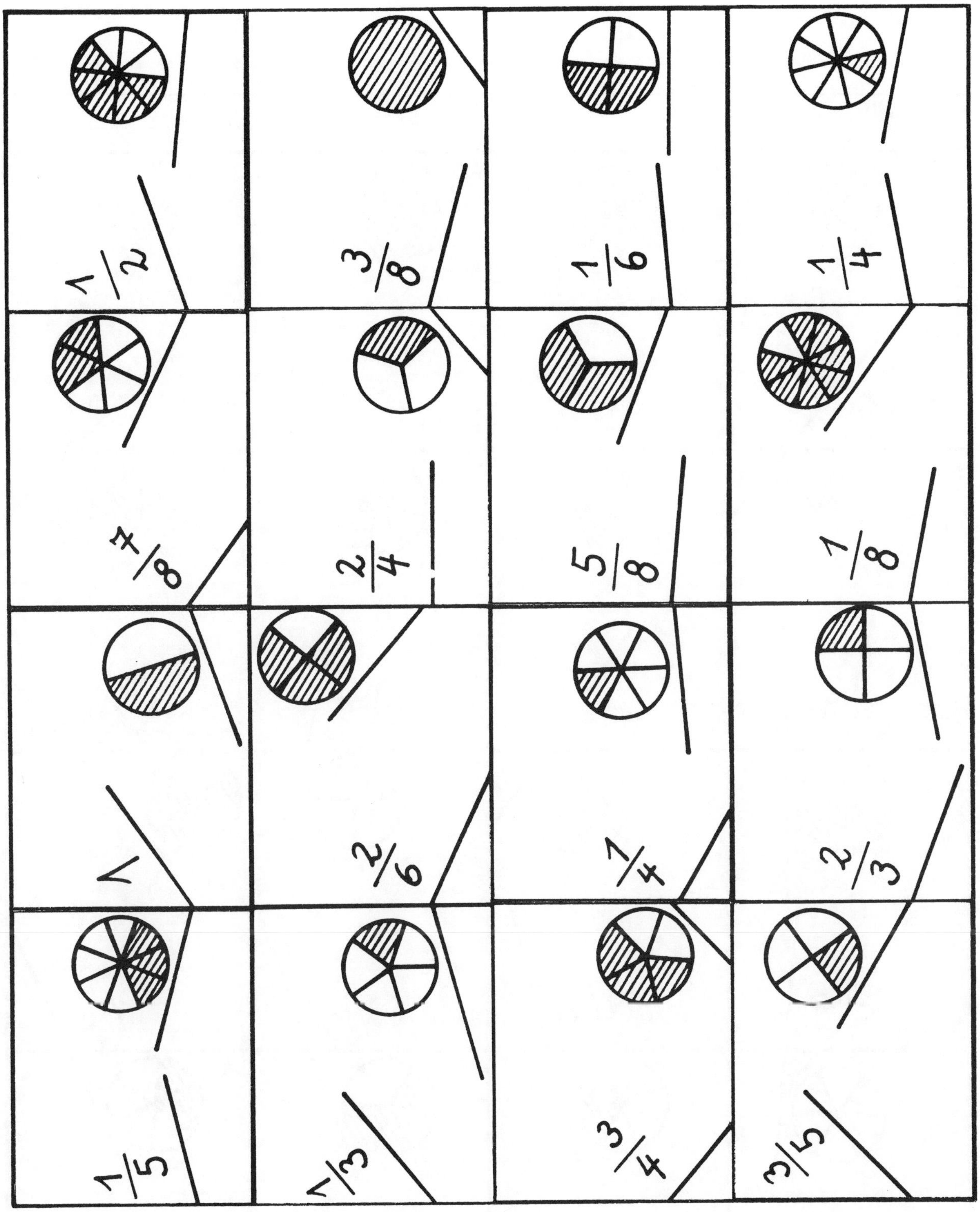
1/2
3/8
1/6
1/4
7/8
2/4
5/8
1/8
1
2/6
7/4
2/3
1/5
1/3
3/4
3/5

Lösungen:

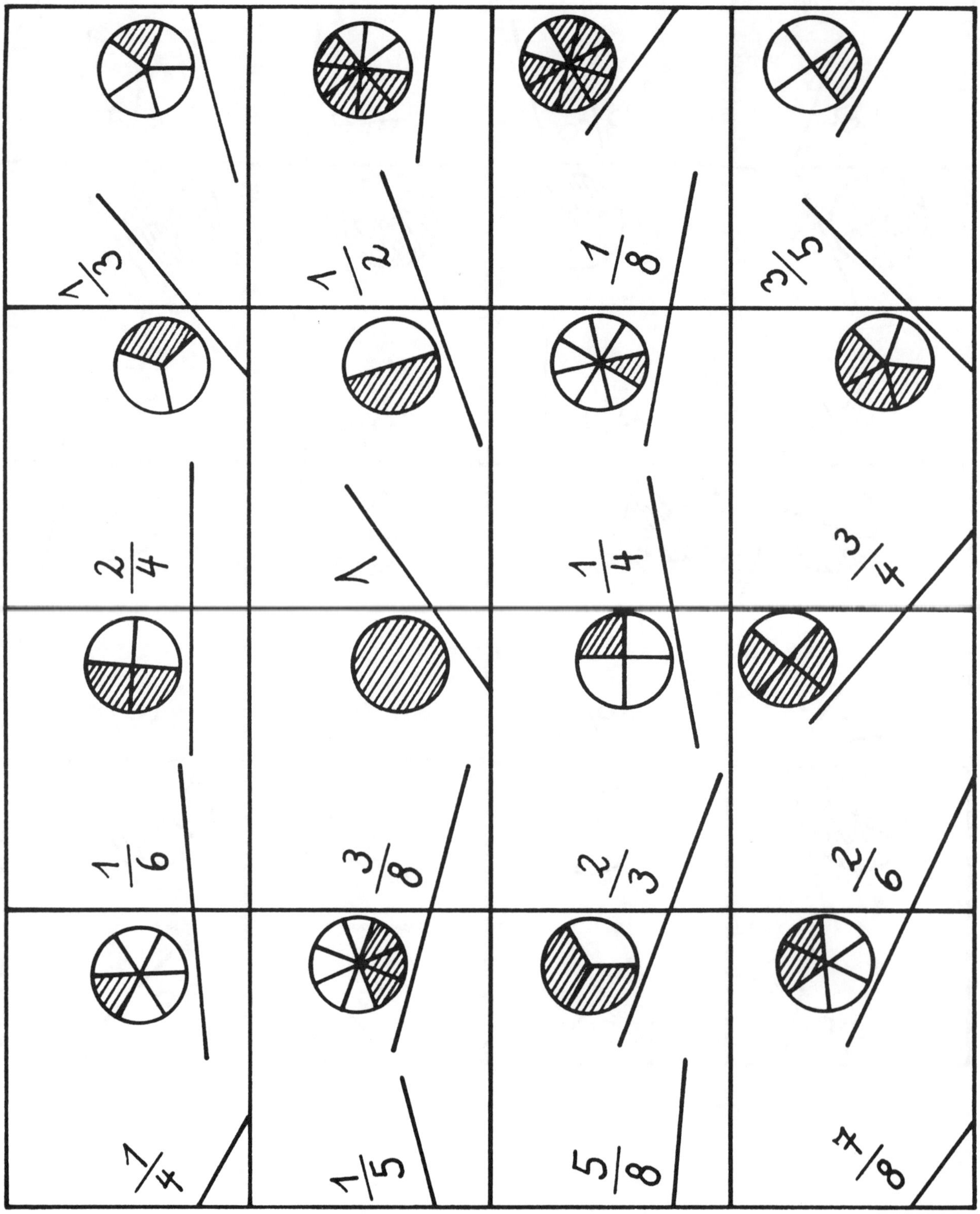

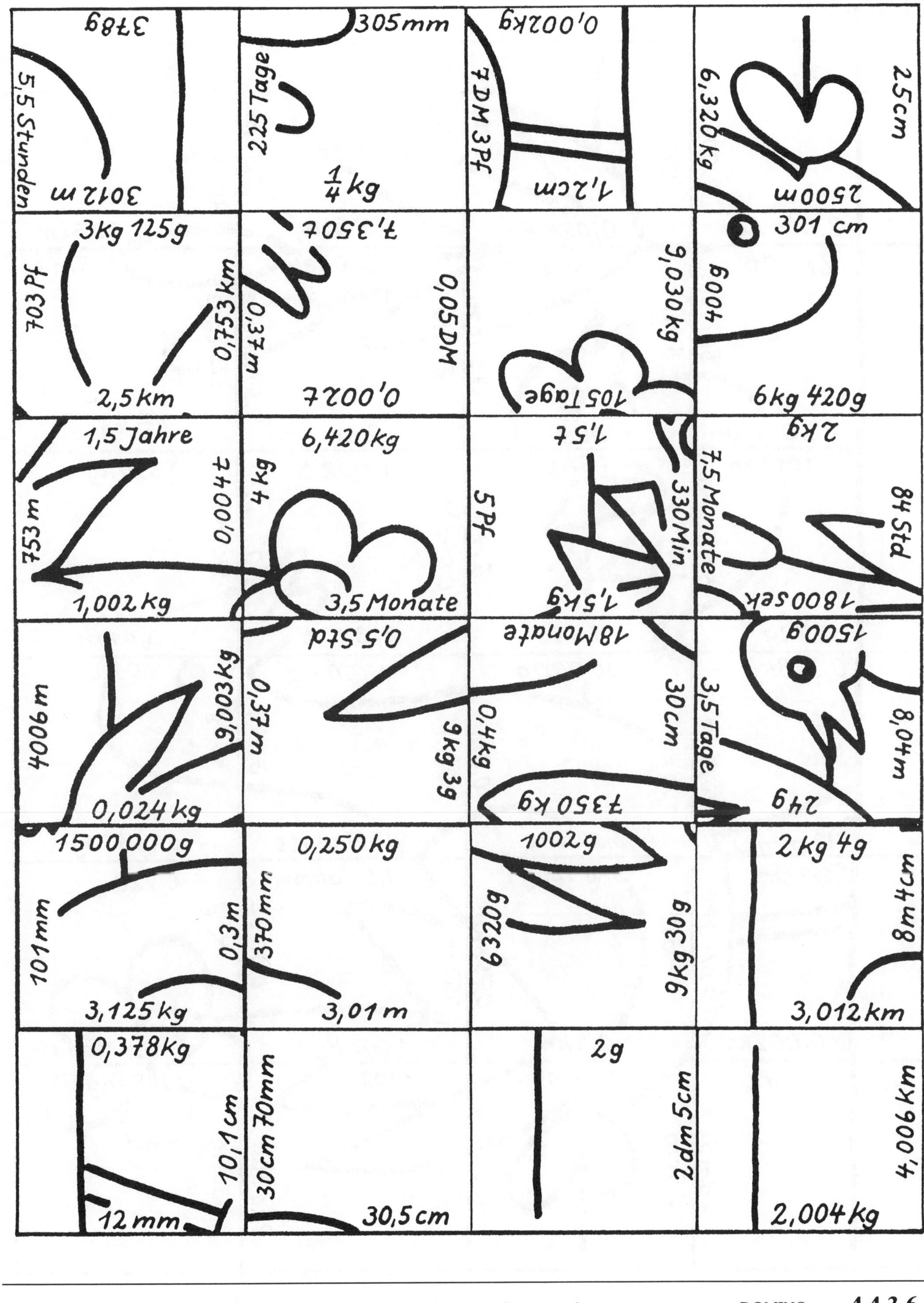
378 g
5,5 Stunden
3012 m
305 mm
225 Tage
1/4 kg
0,002 kg
7 DM 3 Pf
1,2 cm
6,320 kg
25 cm
2500 m
3 kg 125 g
703 Pf
0,753 km
2,5 km
7,350 t
0,37 m
0,05 DM
0,002 t
9,030 kg
105 Tage
301 cm
400 g
6 kg 420 g
1,5 Jahre
753 m
0,004 t
1,002 kg
6,420 kg
4 kg
3,5 Monate
1,5 t
5 Pf
330 Min
1,5 kg
2 kg
7,5 Monate
84 Std
1800 sek
4006 m
9,003 kg
0,024 kg
0,5 Std
0,37 m
9 kg 3 g
18 Monate
0,4 kg
30 cm
7350 kg
1500 g
3,5 Tage
8,04 m
24 g
1500 000 g
101 mm
0,3 m
3,125 kg
0,250 kg
370 mm
3,01 m
1002 g
6320 g
9 kg 30 g
2 kg 4 g
8 m 4 cm
3,012 km
0,378 kg
10,1 cm
12 mm
30 cm 70 mm
30,5 cm
2 g
2 dm 5 cm
4,006 km
2,004 kg

Lösungen:

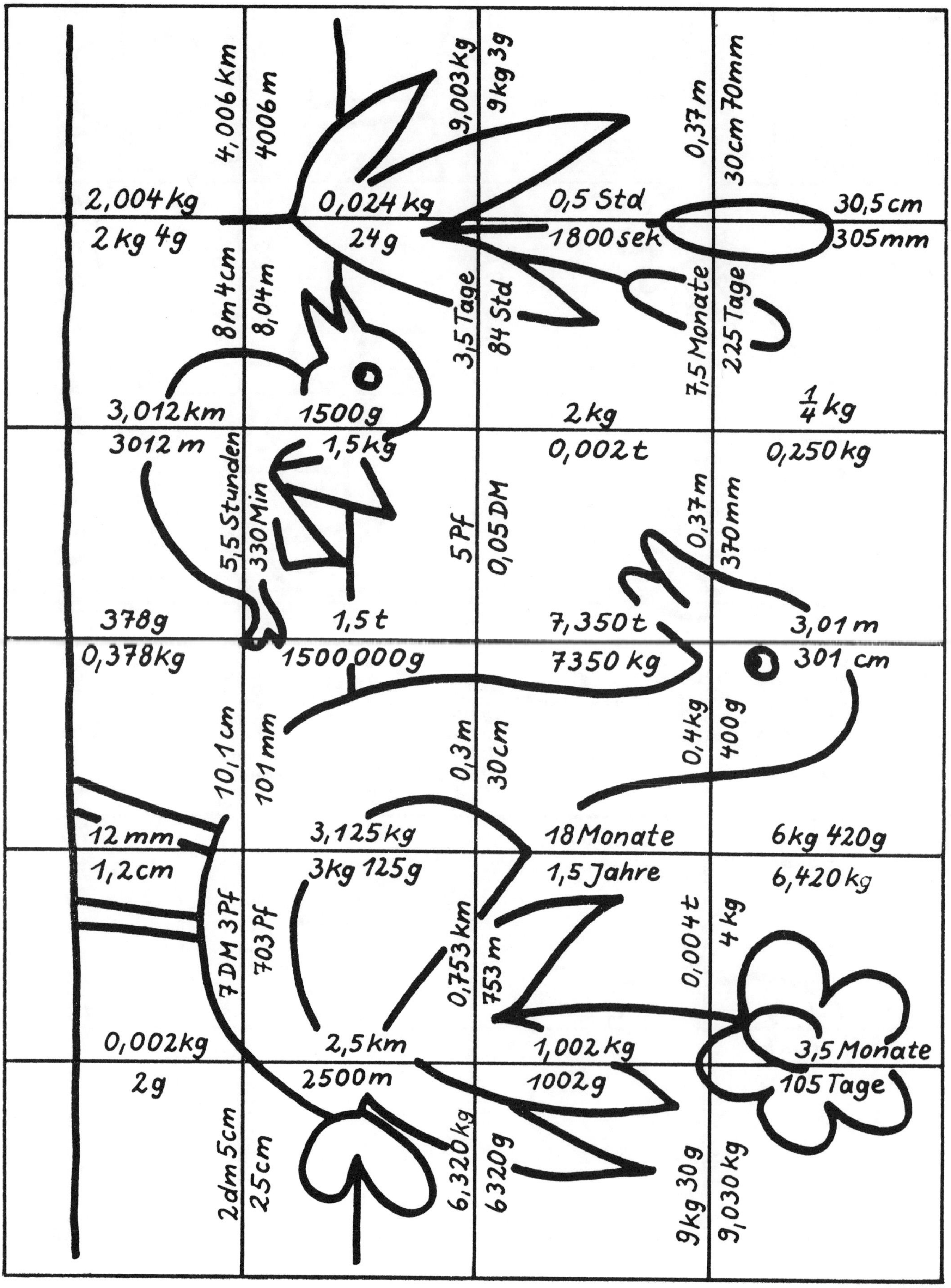
4,006 km
4006 m
9,003 kg
9 kg 3 g
0,37 m
30 cm 70 mm
2,004 kg
0,024 kg
0,5 Std
30,5 cm
2 kg 4 g
24 g
1800 sek
305 mm
8 m 4 cm
8,04 m
3,5 Tage
84 Std
7,5 Monate
225 Tage
3,012 km
1500 g
2 kg
1/4 kg
3012 m
1,5 kg
0,002 t
0,250 kg
5,5 Stunden
330 Min
5 Pf
0,05 DM
0,37 m
370 mm
378 g
1,5 t
7,350 t
3,01 m
0,378 kg
1500 000 g
7350 kg
301 cm
10,1 cm
101 mm
0,3 m
30 cm
0,4 kg
400 g
12 mm
3,125 kg
18 Monate
6 kg 420 g
1,2 cm
3 kg 125 g
1,5 Jahre
6,420 kg
7 DM 3 Pf
703 Pf
0,753 km
753 m
0,004 t
4 kg
0,002 kg
2,5 km
1,002 kg
3,5 Monate
2 g
2500 m
1002 g
105 Tage
2 dm 5 cm
25 cm
6,320 kg
6320 g
9 kg 30 g
9,030 kg

1 kg + 75 g	=	
500 mm + 78 cm	=	
1,230 kg − 95 g	=	
95 mm + 18 cm	=	
5 dm − 13 cm	=	
5 m − 3,72 m	=	
1 m − 63 cm	=	
8 dm + 2,5 m	=	
2 kg − 925 g	=	
28 cm + 35 mm	=	
43 cm − 60 mm	=	
0,70 DM + 80 Pf	=	
400 Pf + 3 DM	=	
800 m + 17 dm	=	
900 g + 175 g	=	
2 m − 72 cm	=	
0,80 DM + 5 Pf	=	
0,88 m − 5 dm	=	
15 dm + 22 cm	=	

Schlüssel:

17,5 cm	A
27, 5 cm	H
31,5 cm	I
32,5 cm	K
37 cm	N
38 cm	D
1,28 m	E
1,29 m	L
2,75 cm	O
3,30 m	B
3,70 m	M
12,80 m	X
37 m	Q
801,70 m	F
817 m	Y
80 Pf	V
85 Pf	U
95 Pf	S
1,50 DM	G
1,55 DM	W
7 DM	T
1,075 kg	R
1,080 kg	P
1,135 kg	C
1,750 kg	Z

Lösungen:

1 kg + 75 g	= 1,075 kg	R
500 mm + 78 −m	= 1,28 m	E
1,230 kg − 95 g	= 1,135 kg	C
95 mm + 18 cm	= 27,5 cm	H
5 dm − 13 cm	= 37 cm	N
5 m − 3,72 m	= 1,28 m	E
1 m − 63 cm	= 37 cm	N
8 dm + 2,5 m	= 3,30 m	B
2 kg − 925 g	= 1,075 kg	R
28 cm + 35 mm	= 31,5 cm	I
43 cm − 60 mm	= 37 cm	N
0,70 DM + 80 Pf	= 1,50 DM	G
400 Pf + 3 DM	= 7 DM	T
800 m + 17 dm	= 801,70 m	F
900 g + 175 g	= 1,075 kg	R
2 m − 72 cm	= 1,28 m	E
0,80 DM + 5 Pf	= 85 Pf	U
0,88 m − 5 dm	= 38 cm	D
15 dm − 22 cm	= 1,28 m	E

Multipliziere, wandle das
Ergebnis in die größere
Einheit um und male dann aus!

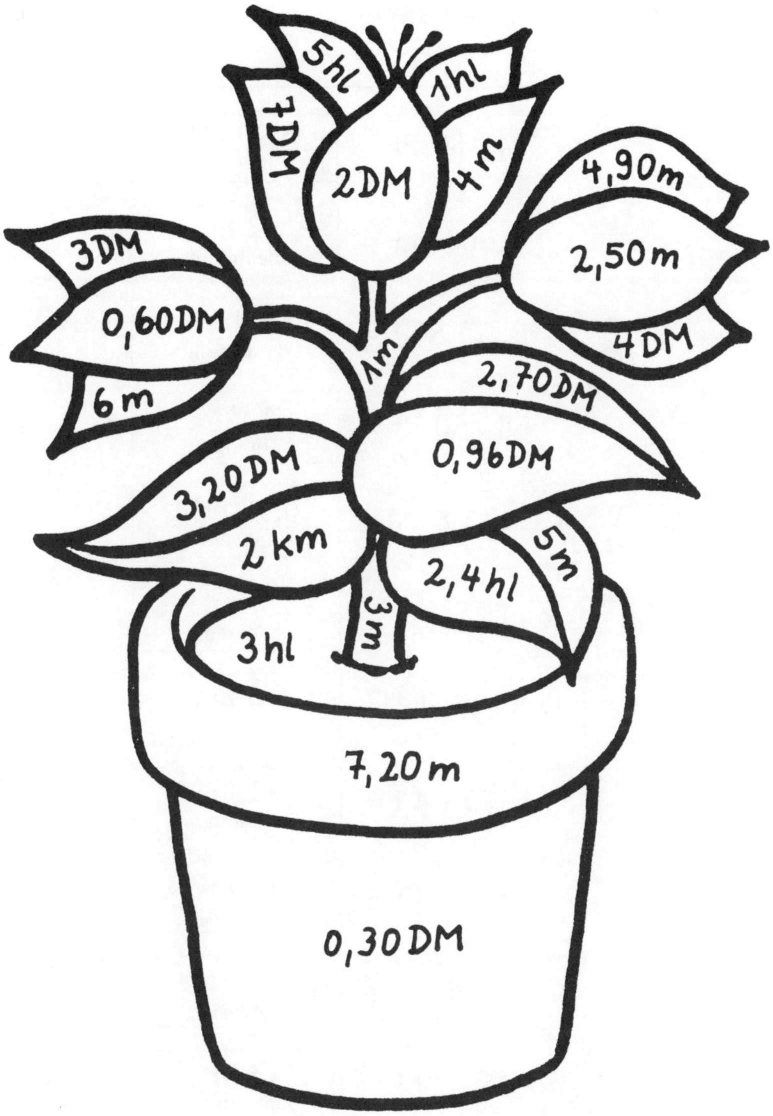

4 · 80 Pf =		hellgrün
5 · 60 cm =		hellbraun
3 · 80 l =		dunkelgrün
8 · 50 Pf =		orange
12 · 8 Pf =		dunkelgrün
8 · 125 mm =		hellbraun
5 · 12 dm =		hellrot
25 · 4 l =		hellrot
4 · 75 Pf =		hellrot
7 · 70 cm =		orange
15 · 20 l =		dunkelbraun
4 · 15 Pf =		orange
80 · 9 cm =		dunkelrot
4 · 125 l =		hellrot
30 · 9 Pf =		hellgrün
50 · 8 cm =		orange
15 000 cm : 30 =		hellgrün

4200 Pf : 6 =		orange
16 000 m : 8 =		dunkelgrün
1000 cm : 4 =		gelb
21 000 Pf : 700 =		dunkelrot
18 000 Pf : 90 =		gelb

Lösungen:

4 · 80 Pf =	3,20 DM hellgrün
5 · 60 cm =	3 m hellbraun
3 · 80 l =	2,4 hl dunkelgrün
8 · 50 Pf =	4 DM orange
12 · 8 Pf =	0,96 DM dunkelgrün
8 · 125 mm =	1 m hellbraun
5 · 12 dm =	6 m hellrot
25 · 4 l =	1 hl hellrot
4 · 75 Pf =	3 DM hellrot
7 · 70 cm =	4,90 m orange
15 · 20 l =	3 hl dunkelbraun
4 · 15 Pf =	0,60 DM orange
80 · 9 cm =	7,20 m dunkelrot
4 · 125 l =	5 hl hellrot
30 · 9 Pf =	2,70 DM hellgrün
50 · 8 cm =	4 m orange
15 000 cm : 30 =	5 m hellgrün

4200 Pf : 6 =	7 DM orange
16 000 m : 8 =	2 km dunkelgrün
1000 cm : 4 =	2,50 m gelb
21 000 Pf : 700 =	0,30 DM dunkelrot
18 000 Pf : 90 =	2 DM gelb

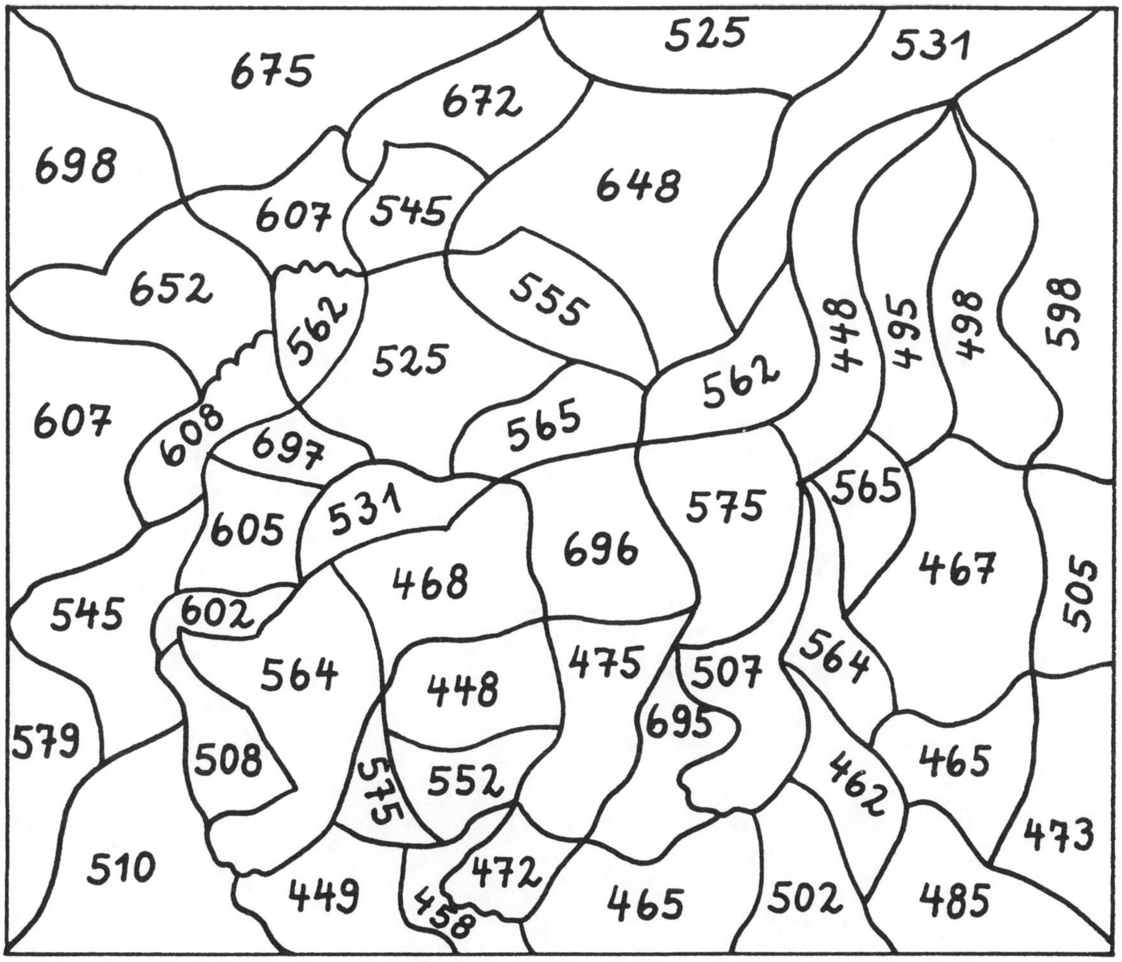

Achtung:

In den Feldern findest du nur die Lösungs*zahl,* keine Maßeinheiten. Male diese Felder mit *einer* Farbe aus!

① Herr Maier wohnt 47 km von seiner Arbeitsstelle entfernt. 6 mal in der Woche fährt er zur Arbeit. (Hin- und Rückfahrt!)

② Eine Hühnerfarm liefert 58 Eierpackungen zu je 12 Eiern an den Supermarkt.

③ In einer großen Grundschule sind 4248 DM für einen Theaterbesuch eingesammelt worden. Jede Karte kostet 9 DM. Wie viele Karten wurden verkauft?

④ Die Klasse 4a hat 28 Schüler. Für eine Busfahrt sammelt die Klassenlehrerin von jedem Kind 16 DM ein.

⑤ Die Molkerei liefert einer Schule 3800 Strohhalme für die Schulmilch verpackt in 8 Kartons. Wie viele sind in jedem Karton?

⑥ Günters großer Bruder hat sich ein Motorrad für 3450 DM gekauft. Er zahlt in 6 Raten.

⑦ Ein Schinken von 3,549 kg wird in 7 gleichschwere Stücke zerlegt. Wieviel Gramm wiegt jedes Stück?

⑧ Die neue Schülerzeitung kostet 75 Pf. Es werden 624 Stück verkauft. Wieviel DM sind eingenommen worden?

⑨ Herr Maier muß eine Autoreparatur bezahlen. Der Meister hat 12 Stunden am Auto gearbeitet und berechnet für jede Stunde 46 DM.

Aus: Krampe/Mittelmann: Rechenspiele für die Klasse 4, Verlag Ludwig Auer, Donauwörth

Lösungen:

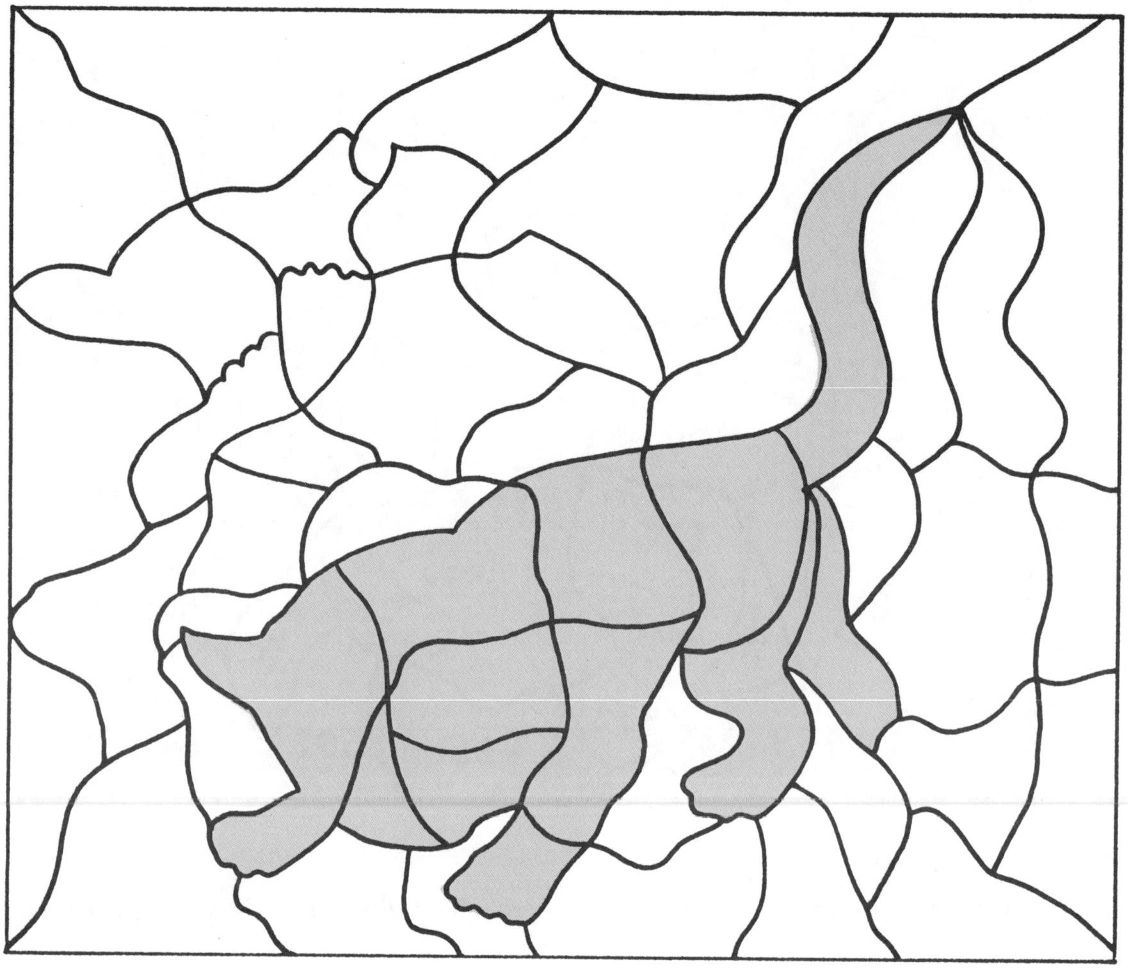

① 47 km · 2 · 6 = 564 km
② 58 · 12 = 696 (Eier)
③ 4248 DM : 9 DM = 472 (Karten)
④ 28 · 16 DM = 448 DM
⑤ 3800 : 8 = 475 (Strohhalme)
⑥ 3450 DM : 6 = 575 DM
⑦ 3549 g : 7 = 507 g
⑧ 75 Pf · 624 = 46 800 Pf = 468 DM
⑨ 46 DM · 12 = 552 DM

Text		Frage	Ergebnis-zahl	Benennung
Bei einer Lotterie werden 150 000 Lose ausgegeben.	In der Woche arbeitet sie an 5 Tagen.	Wieviel Taschengeld hat Familie Schneider noch?	768,–	l
Briefträger Weber legt täglich 21 km zurück.	41 420 Lose sind bereits verkauft.	Wie groß ist der Wochenverdienst?	100 000	Stück
Herr Wolf kauft einen Gebrauchtwagen. Der Kilometer-Zähler zeigt 16 225 km.	Sie ist 5 Tage lang unterwegs.	Wieviel km legt er zurück?	54 887	DM
Putzfrau Groß hat einen Stundenlohn von 11,80 DM. Sie arbeitet täglich 8 Stunden.	4 Jahre später zeigt er 71 112 km.	Tages-Kilometer-Leistung?	611,80	km
Familie Schneider hat 3500 DM für den Urlaub gespart.	Er trägt an 220 Tagen im Jahr Post aus.	Wie viele km hat er mit dem Auto zurückgelegt?	4620	km
Die Klasse 4a legt auf ihrer Wanderfahrt 95 km zurück.	1 Monat später hebt er 51,70 DM wieder ab.	Wie groß ist die Saftausbeute?	19	DM
In einer Weinkelterei an der Mosel wird aus 100 kg Trauben rund 80 l Saft gepreßt.	Die Fahrt kostet 618 DM, die Unterkunft und Verpflegung zusammen 2114,– DM.	Wieviel Geld ist noch auf dem Sparbuch?	472,–	km
Herr Neuhaus hat auf dem Sparbuch 585,50 DM und zahlt heute noch 78 DM ein.	In 1 Woche werden insgesamt 125 000 kg Trauben angeliefert.	Wieviele Lose können noch gekauft werden?	108 580	DM

Lösungen:

Text		Frage	Ergebnis-zahl	Benennung
① Bei einer Lotterie werden 150 000 Lose ausgegeben.	④ In der Woche arbeitet sie an 5 Tagen.	⑤ Wieviel Taschengeld hat Familie Schneider noch?	⑤ 768,–	⑦ l
② Briefträger Weber legt täglich 21 km zurück.	① 41 420 Lose sind bereits verkauft.	④ Wie groß ist der Wochenverdienst?	⑦ 100 000	① Stück
③ Herr Wolf kauft einen Gebrauchtwagen. Der Kilometer-Zähler zeigt 16 225 km.	⑥ Sie ist 5 Tage lang unterwegs.	② Wieviel km legt er zurück?	③ 54 887	④ DM
④ Putzfrau Groß hat einen Stundenlohn von 11,80 DM. Sie arbeitet täglich 8 Stunden.	③ 4 Jahre später zeigt er 71 112 km.	⑥ Tages-Kilometer-Leistung?	⑧ 611,80	② km
⑤ Familie Schneider hat 3500 DM für den Urlaub gespart.	② Er trägt an 220 Tagen im Jahr Post aus.	③ Wie viele km hat er mit dem Auto zurückgelegt?	② 4620	③ km
⑥ Die Klasse 4a legt auf ihrer Wanderfahrt 95 km zurück.	⑧ 1 Monat später hebt er 51,70 DM wieder ab.	⑦ Wie groß ist die Saftausbeute?	⑥ 19	⑤ DM
⑦ In einer Weinkelterei an der Mosel wird aus 100 kg Trauben rund 80 l Saft gepreßt.	⑤ Die Fahrt kostet 618 DM, die Unterkunft und Verpflegung zusammen 2114,– DM.	⑧ Wieviel Geld ist noch auf dem Sparbuch?	④ 472,–	⑥ km
⑧ Herr Neuhaus hat auf dem Sparbuch 585,50 DM und zahlt heute noch 78 DM ein.	⑦ In 1 Woche werden insgesamt 125 000 kg Trauben angeliefert.	① Wieviele Lose können noch gekauft werden?	① 108 580	⑧ DM

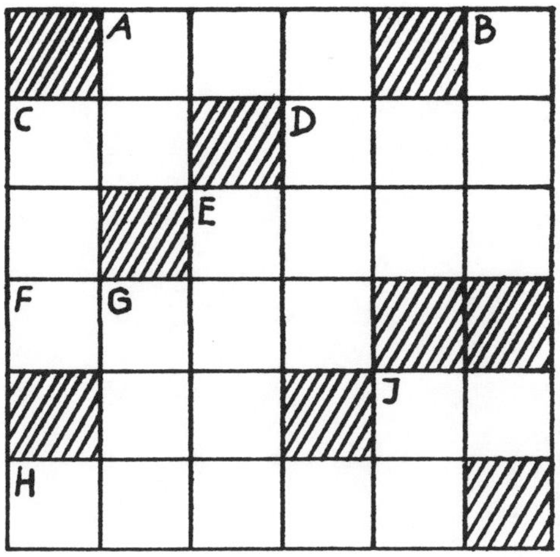

Zur Kontrolle: Die Summe aller Lösungsziffern ergibt 70!

Waagerecht:

Ⓐ – So viele Tage dauern 2 Jahre.
Ⓑ – Eine Arbeitskolonne kann eine Garage in 3 Tagen bauen. Doch bei Arbeitsbeginn fehlt die Hälfte der Leute wegen Krankheit.
Ⓒ – Ein Bad soll mit Bodenfliesen ausgelegt werden. 13 Fliesen braucht man für die Länge und 4 für die Breite.
Ⓓ – Eine Sporthalle mit 1880 Sitzplätzen ist zu einem Viertel besetzt.
Ⓔ – Ein Aushilfsarbeiter verdient 125 DM pro Tag. Er arbeitet an 8 Tagen im Monat.
Ⓕ – Ein Pkw verbraucht 5 l Benzin auf 100 km. Wie weit kommt er mit 260 l?
Ⓙ – Rechne 86 400 Sekunden in Stunden um!
Ⓗ – Vier Freunde teilen sich gerecht einen Lottogewinn von 228 000 DM.

Senkrecht:

Ⓐ – Eine Trinkhalle bestellt 6 Kästen Limonade mit je 12 Flaschen.
Ⓑ – Von 5400 Zuschauern eines Fußballspiels ist nur jeder Neunte weiblich.
Ⓒ – Von einem Kilogramm Schinken sind 475 g abgeschnitten.
Ⓓ – Ein Sportplatz, 115 m lang und 85 m breit, soll mit Randsteinen (1 m) eingefaßt werden.
Ⓔ – Wieviel dm sind 100 m?
Ⓖ – An den Bundesjugendspielen nehmen 1415 Kinder teil. 1128 bekommen eine Urkunde.
Ⓙ – Im 4. Rang des Lottos werden zusammen 1 Million Mark an 50 000 Gewinner ausgezahlt. Wieviel DM bekommt jeder Gewinner?

Lösungen:

	A 7	3	0		B 6
C 5	2		D 4	7	0
2		E 1	0	0	0
F 5	G 2	0	0		
	8	0		J 2	4
H 5	7	0	0	0	

Zur Kontrolle: Die Summe aller Lösungsziffern ergibt 70!

Von der 16 cm langen Startstrecke zum Kreuz in der Mitte: Mit dem Geodreieck rechtwinklig nach links oben, ein Zentimeter kürzer als die Startstrecke, dann rechtwinklig nach rechts weiter, wieder 1 cm kürzer und so weiter, immer zum Kreuz in der Mitte. Nur genaues Zeichnen führt zum Kreuzchen.

Lösungen:

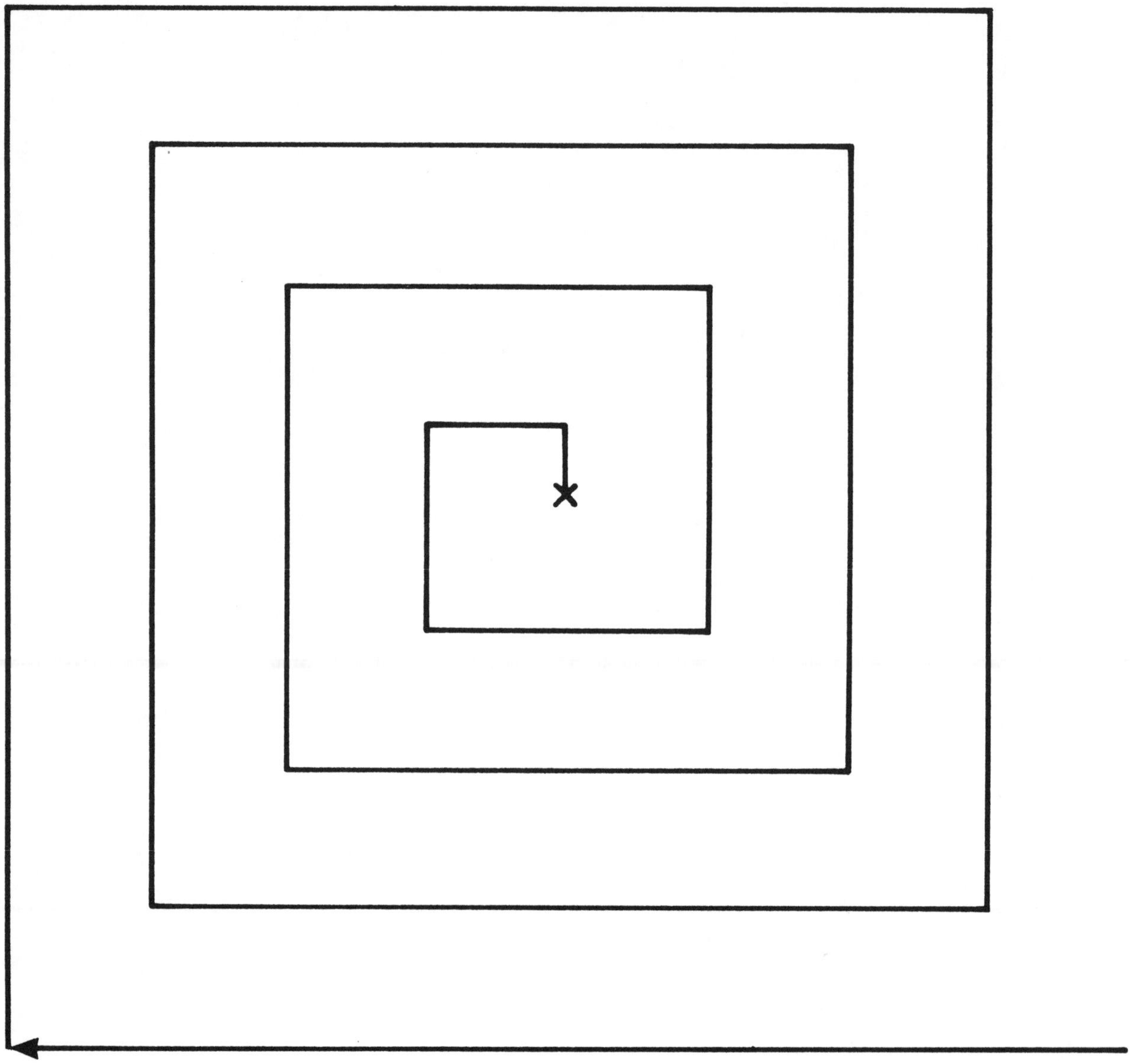

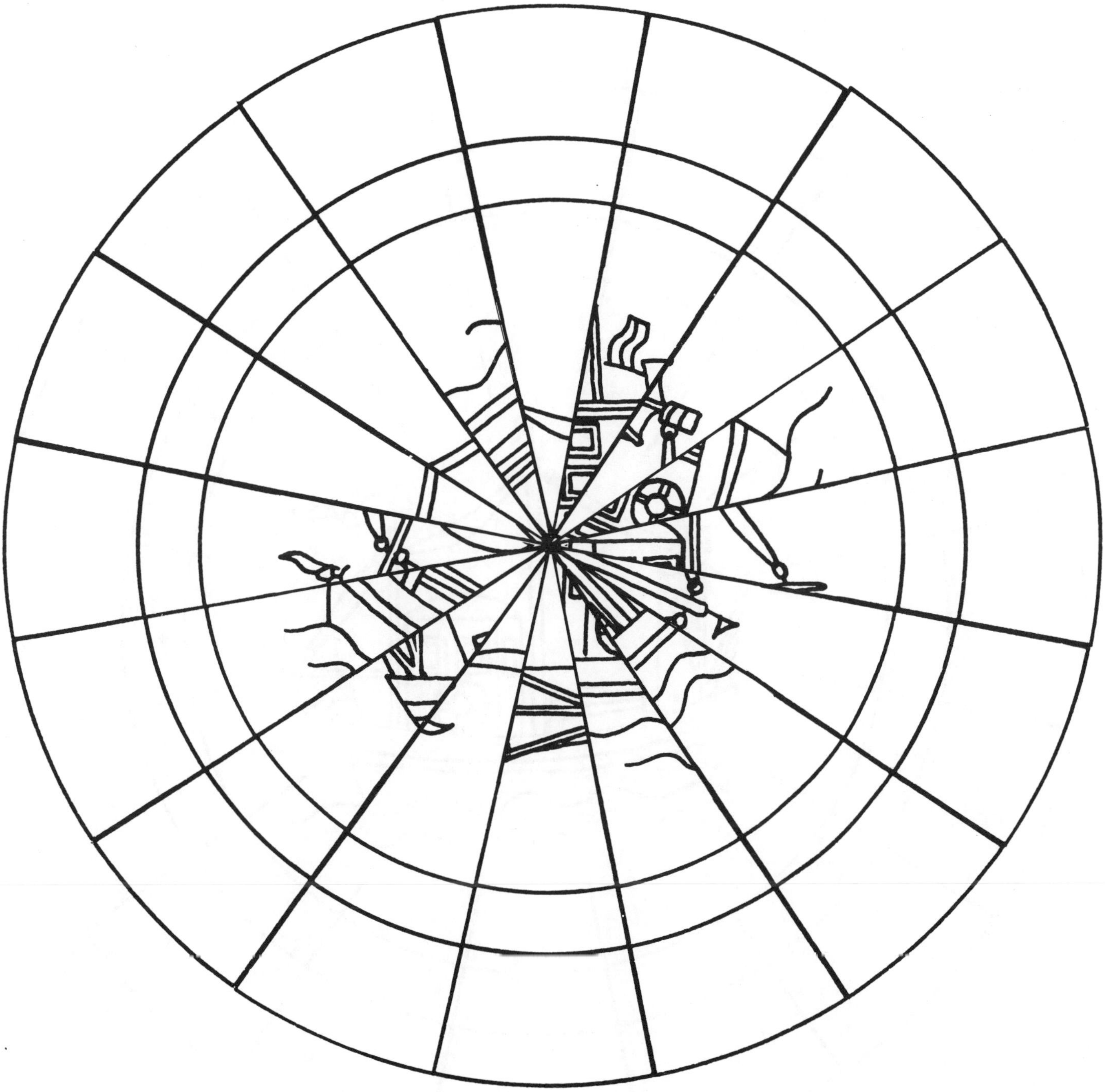

Lösungen:

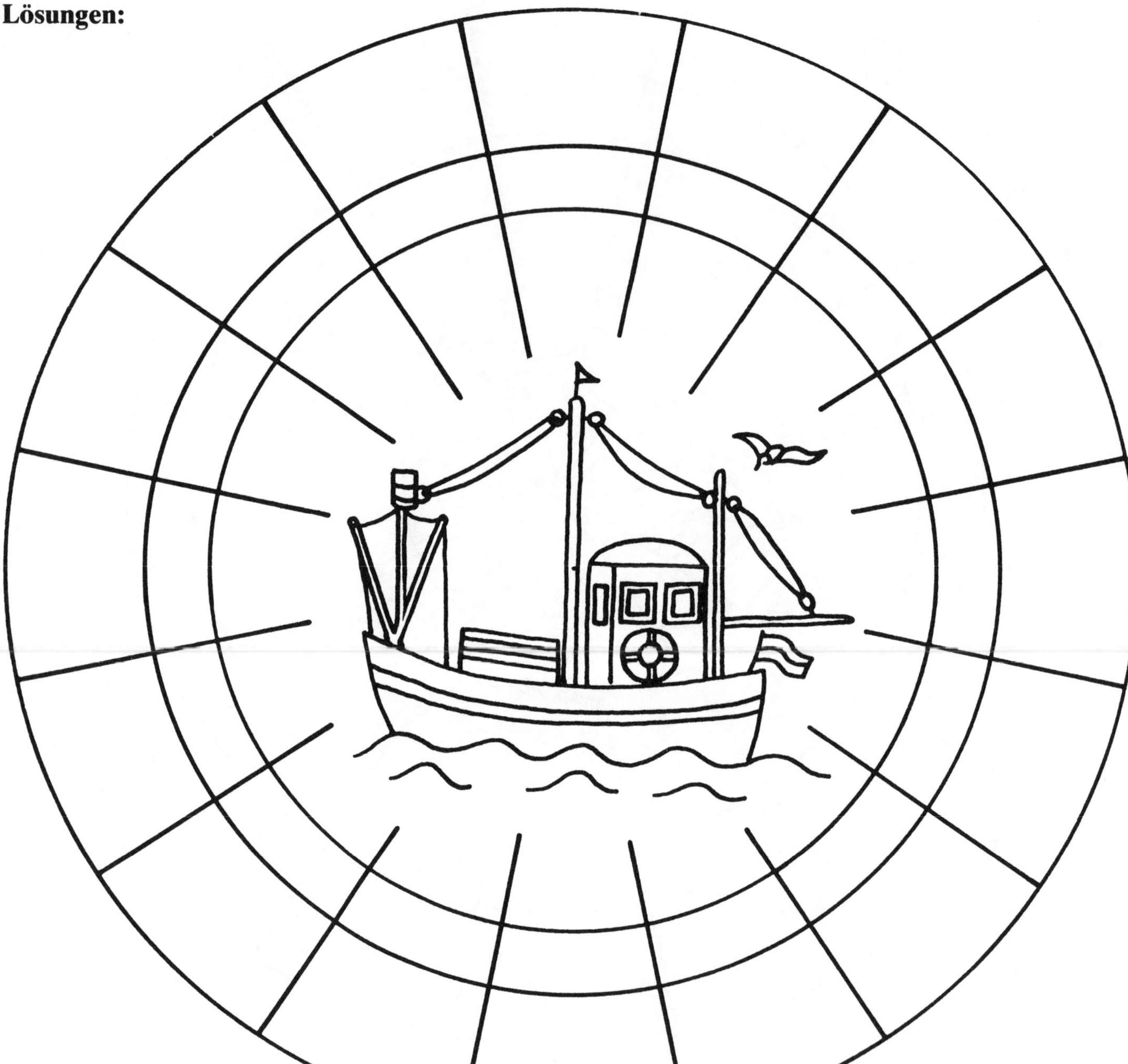

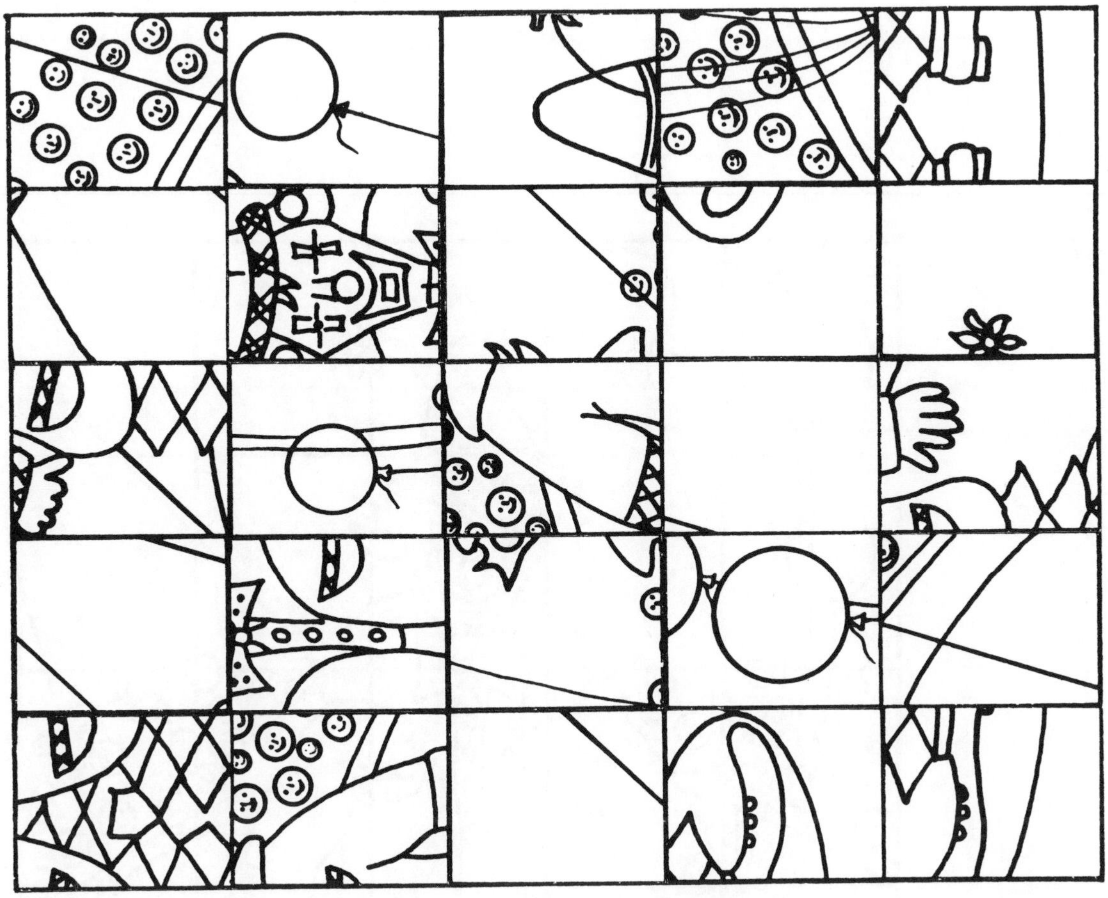

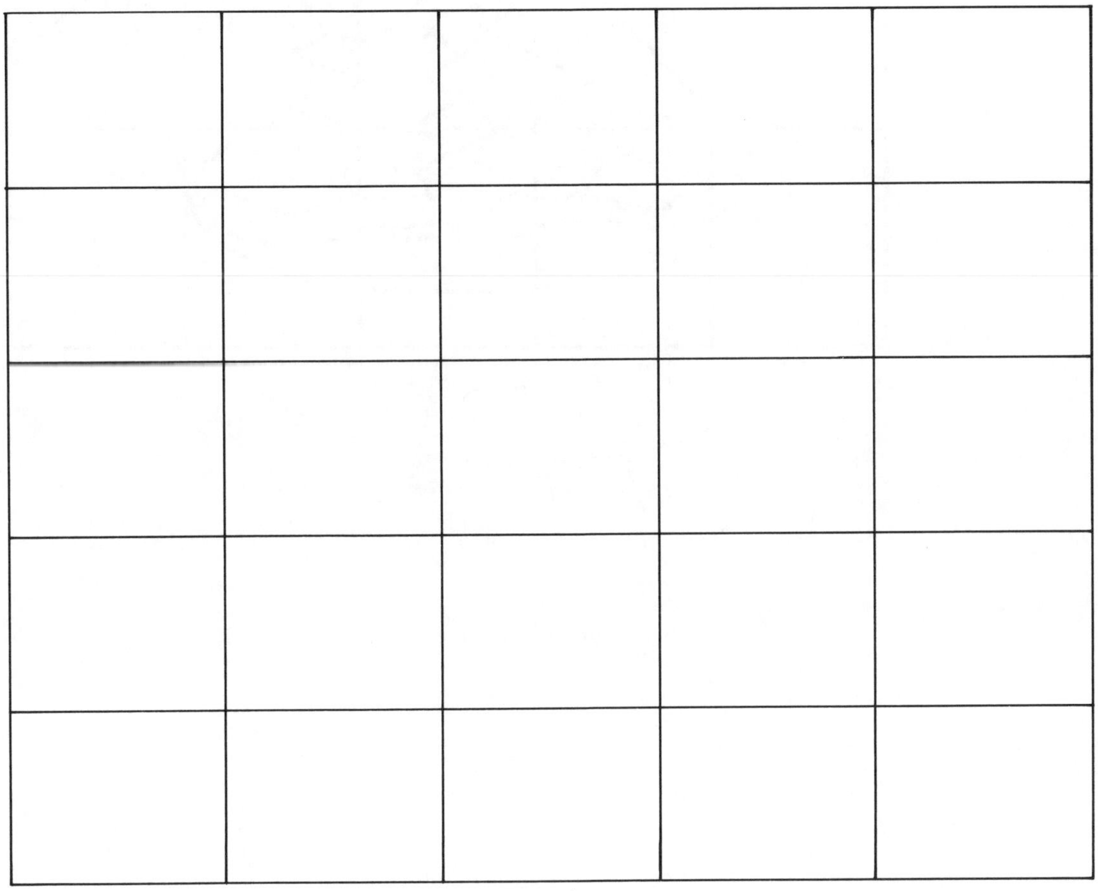

Aus: Krampe/Mittelmann: Rechenspiele für die Klasse 4, Verlag Ludwig Auer, Donauwörth

Lösungen: